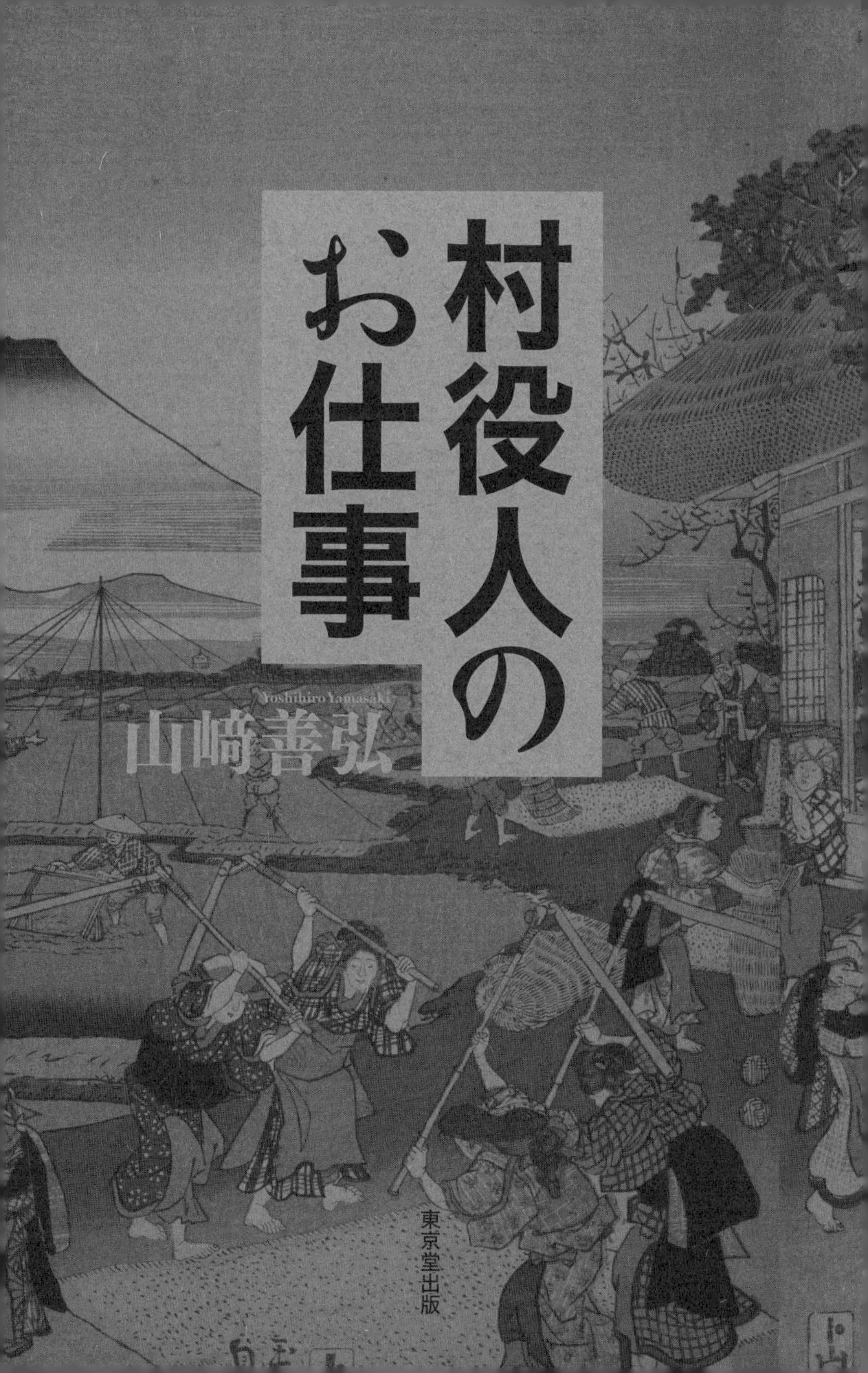

村役人のお仕事

Yoshihiro Yamasaki
山崎善弘

東京堂出版

村役人のお仕事　目次

第二章◎武蔵国幕領の名主・大惣代佐野家の仕事 63

序章◎武士のいない村の政治と自治

回意外に知られていない村役人の仕事

徳川時代の村役人については高校の日本史教科書などでも取り上げられ、その存在をご存じの読者も多いことでしょう。しかし、教科書などでは村役人について簡単に触れられている程度で、彼らがどのような仕事をしていたのかまでは詳細に知ることができません。

例えば、定評のある高校の教科書『詳説日本史』（山川出版社）の中で、村役人について述べられた部分を引用してみましょう。

村は、名主（庄屋・肝煎）や組頭・百姓代からなる村役人（村方三役）を中心とする本百姓によって運営され、入会地の共同利用、用水や山野の管理、治安や防災などの仕事が自主的になわれた。（中略）幕府や諸藩・旗本は、このような村の自治に依存して、はじめて年貢・諸役の割当てや収納を実現し、村民を掌握することができた。

村役人について述べられているのは、この部分だけです。教科書なので、詳細な記述や分析がないのは致し方のないことですが、徳川社会が村を基盤とした兵農分離の社会であり、村の運営は村役人らによって支えられる傾向が非常に強かったことからすれば、彼らの果たした役割に関する記述の少なさに物足りなさを感じずにはいられません。翻っていえば、従来、徳川時代を理解する上で、それほど村役人の存在が重視されてこなかったことの反映ともいえるでしょう。

私は拙著『徳川社会の底力』（柏書房）の中で、徳川社会を構成している最大の要素は村であったことを強調しました。徳川社会の構成員の大部分は士農工商のいずれかの身分に属していましたが、大半が百姓で、全人口の八割前後を占めていました。支配者である武士は一割以下しか占めておらず、残る一割程度を職人・商人（町人）や、えた・非人《ひにん》など、ほかの身分が占めていました。こうした人口比に対応し、人々の居住空間の大部分は、百姓が居住する村によって占められていたのです。全国の村の数は、元禄一〇年（一六九七）時点で六万三二七六（天保五年〈一八三四〉時点では六万三五六二）でした。厖大な数の村々が徳川社会を形づくっていたのです。

そして、これら村々で主導的な役割を果たしたのが村役人でした。彼ら村役人は、いずれも領主支配の末端に位置づけられる存在でしたが、特に村の総括責任者である名主《なぬし》（地域によっては庄屋《しょうや》・肝煎《きもいり》）

は、家格に基づき、領主によって任命されることが多く、百姓たちの推薦がある場合でも領主の許可が必要でした（組頭《くみがしら》は百姓の推薦や入札《いれふだ》で選任されるのが一般的でしたが、この場合も領主による許可を必要としました。百姓代《ひゃくしょうだい》の選任方法は百姓の推薦が一般的でした）。したがって、名主は領主支配の末端に位置する行政官としての性格を強く持つ存在だったのです。

徳川社会は兵農分離制によって編成され、武士は城下町などの都市に集住したため、村々を直接支配することが困難でした。そのため、領主は名主を中心とした村役人を通じて間接的に百姓を支配する方法を採ったのです。言い換えれば、幕藩領主は彼らに村政を代行させることで、全国六万三〇〇〇余の村々を掌握し、百姓を支配したのでした。

ここまで述べてくると、『詳説日本史』の記述は、村の自主性に傾倒しすぎ、名主など村役人の政治的立場を軽視する嫌いがあるといえます。村は自治の単位としてもあり、村役人がその先頭に立ったことは事実ですが、徳川時代の村は幕藩領主によって支配の単位とされ、村役人はその内部で領主支配を実現する任にあたっていたことを忘れるわけにはいきません。

徳川時代の村が、どのようにして支配の単位であると共に、自治の単位としてもあることができたのかは、これから説明するとして、まずは村役人が、基本的に武士のいない村の政治と自治の両方を担う重要な存在であったことを押さえておきましょう。では、彼らは具体的にどのような仕事をしていたのでしょうか？　教科書などの記述からは、年貢・諸役の徴収などに関わっていたことが窺えますが、それらに限りません。そもそも年貢・諸役の徴収といっても、具体的にどのように関わっていたのでしょうか？　村役人の存在は知られていても、彼らの仕事については、意外に知られていないのが現状なのです。

回村の行政官・村の代表者である名主

村役人の仕事の具体的なあり方については次章以降で詳しく述べることにして、本章ではその前提として、村役人の存在形態や仕事の概要などについて述べておきたいと思います。

村役人のうち、特に重要な立場にあったのが名主ですが、既述のように、彼らは村の政治と自治の両方を担う存在でした。つまり、彼らは村の行政官であると共に、村の代表者でもあったわけです。このことは、村が支配の単位であると共に、自治の単位でもあったことと密接に関わっています。なぜ村が支配の単位であると共に自治の単位でもあり得たのかという点については、『徳川社会の底力』でも述べましたが、本書を書き進めていく上でも重要な論点ですので、改めて述べておきます。

この点を象徴的に示すこととして、水本邦彦《みずもとくにひこ》氏の研究（『近世の村社会と国家』）に拠りながら、村内における名主（庄屋）の位置に注目してみましょう。

水本氏は、畿内の村を例にとり、領主支配の末端として設定された庄屋に対する村民の関わり合い方を分析することで、庄屋と村民の間に委任関係が存在することを明らかにしました。徳川時代の村は中世の「惣村《そうそん》」（鎌倉時代末期から室町時代に発達をみた村の自治的結合組織）を前史として持ちますが、幕藩領主が、惣村の指導者である年寄衆の中から庄屋を設定することにより、庄屋は行政官として、従来の年寄衆を離脱して村政を担うことになりました。しかし、この変化は、自治的な惣村から支配機構としての徳川時代の村への転回のみを示しているのではなく、庄屋と年寄を含む百姓の間には、次のように委任関係が存在したことを水本氏は示したのです。

A　在所中、万《よろず》御究の処ながらも貴殿へまかセ申し候間、此の上は相互いニ一しん（心）ふしん（不審）すこしも
　御座無く候、

B　態《わざと》申し上げ候、仍《よ》って当所中免合《めんあい》其の外、万《よろず》算用ニ付いて、貴殿へまかセ申し候間、いかやうニも在所の始末頼み申し候、（中略）能々《よくよく》我も人も在所ニかんにん（堪忍）罷り成り候様ニ御才覚頼み申し候、

Aは慶長一四年（一六〇九）、Bが同一五年（一六一〇）の史料で、両方共、村民が申し合わせて庄屋に差し出す形をとっていますが、傍線部のように、庄屋に対する村政の委任文言を読み取ることができます。Aでは、「村政を貴殿（庄屋）に任せるので、この上は心を一つにして、疑いの念を抱かない」ことが述べられ、Bでは、「年貢高などの算用を貴殿に任せ、村政を頼む」旨が述べられています。庄屋は村民の一員として公認され、村政を委任されていたわけです。その際、庄屋は「能々我も人も在所ニかんにん罷り成り候様ニ御才覚」することが条件となっていたことは重要です。つまり、庄屋の差配が在所（村）の堪忍ならない事態に陥れば、この論理に基づいて、庄屋は村方騒動（村政改革運動）を通じて、村民から不服従を突きつけられたのです。

中世には、年寄衆が自主的に惣村を運営していました。それに対して徳川時代には、庄屋という行

政官を頂点としたピラミッド型の秩序が村内に持ち込まれ、年寄衆による自治的な惣村運営は大きく変容を余儀なくされました。しかし、村民は庄屋を、あくまで彼らの一員として公認し、村政を委任する形をとることによって、自分たちの代表者として捉え返したのです。こうして自治的な惣村運営は、形を変えながらも徳川時代の村の中に継承されたのでした。その結果、庄屋は村の行政官である一方、村の代表者として、自治的な村運営をも担うことになったのです。

したがって、名主（庄屋）は行政官としての仕事のみならず、村の代表者としての仕事も行うことになります。ただし、両仕事は全く異質なものというわけではありませんでした。名主を中心として不断に働く村の自治に依拠することで、幕藩領主は村の支配も円滑に行い得たのであり、前者が後者を補完するという側面も持っていたのです。

回『庄屋往来』

村役人のうち、特に重要な立場にあった名主（庄屋）の存在形態について述べましたが、次に彼らの仕事の概要を見てみましょう。

名主の仕事の概要を知る上で便利な史料があります。それは『庄屋往来』です。いわゆる往来物（寺子屋などで用いる教科書類）なので、基本的に名主の子弟が、将来その役に就くための学習に際して使用されたものと考えてよいでしょう。私が現在知り得る範囲では、『庄屋日記』『在郷往来』という同内容の史料も存在しますが、ここでは『庄屋往来』と統一して表記することにします。

『庄屋往来』の内容は、大きく分けて名主の職務とその心構えから成っています。大部分が各種職務に関する記述で、将来名主に就任する子弟らにとっては、名主ハンドブックのような性格も併せ持っていたといえます。

天保一二年（一八四一）一月写本の『庄屋往来』（小泉吉永氏所蔵）を例にとると、まず「庄屋は名主とも呼称する村を司る役で、地頭《じとう》（この場合は大名・旗本）をはじめ、幕府の奉行・代官の命令を受け、それらの部下たる手代《てだい》・手付《てつき》の指図を受ける。そして、村民に対しては幕府の命令を申し渡し、村民に異変がある時は早速上申して、下知《げち》の趣を村民に披露することを本分とする」と記されています。

続いて、その各種職務などが詳しく記されており、要約して列記すれば、次の通りです。

①領主が交代した場合は、村況を村明細帳に詳しく書き上げる。
②毎年、宗門改《しゅうもんあらため》を行う。
③村民の村内外への出入りを含め、人口増減を把握する。
④遠方への参詣や湯治で村外に出る者がいれば、その者の旅立ちの許可を領主側に願う。
⑤老人・幼少の者・病身者などの難渋している者がいれば、領主へ御救い（救済）米の拝借などを願う。
⑥勅使・検使の巡見、地方《じかた》役人の廻村の節などは、村内を案内する。
⑦道路・橋・川除《かわよ》け（堤防などの、河川の氾濫防止施設）・堰《せき》などの御普請所については、内見した上で、入用品や人足などの経費を算出する。

⑧隠田《おんでん》・空地を有する者がいれば、空地については開発させ、共に検地を受けさせる。
⑨日限までに間違いなく年貢・諸役を上納する。
⑩寺社などの修復は、氏子《うじこ》・檀家《だんか》が相談の上、寄進によって行わせる。
⑪凶作の節は、注進して減免を願い、諸勧進《しょかんじん》などを禁止する。
⑫徒党《ととう》・強訴《ごうそ》・逃散《ちょうさん》は特に禁止し、そのほか博奕《ばくえき》を企てる者、闘争・喧嘩といった狼藉を働く者などを取り締まる。
⑬法度《はっと》を守り、農業に出精し、孝心厚い実体なる者を褒め称える。
⑭困窮の百姓には、合力《ごうりき》（穀物や金銭を与えて助けること）・無尽《むじん》・頼母子《たのもし》を取り持つなどする。
⑮公事訴訟は双方和談の上、内済《ないさい》にし、それが叶わない場合は裁判を受けさせる。

これらは、全国の名主にほぼ共通する職務を網羅的に示したものです。彼らが実に多様な職務をこなしていたことがわかるでしょう。そのほかにも、彼らは村の代表者としての仕事もこなしていましたが、『庄屋往来』には専ら行政官としての職務しか記されていません。おそらく、名主は本来行政官であり、まずはその職務を恙《つつが》なくこなすことが求められたこと、そして、彼らの村の代表者としての仕事は地域によって多様であり、往来物に記して学ぶには適さないという事情があったものと思われます。

さて、名主の仕事は実に幅広く多岐にわたっており、税務・警察・裁判などにも及ぶものでした。教科書にも見られるように、従来、徳川時代を理解する上で、それほど村役人の存在が重視されてこなかったように思いますが、彼らの存在なくして幕藩領主の支配は可能だったでしょうか？　答えは否です。年貢の徴収だけでも不可能でした。また、村役人が自治を担っていたことからすれば、村民の日常生活を円滑にする上で彼らの存在は不可欠でした。そして、その自治が幕藩領主の支配を補完してもいたのですから、私たちは村役人の存在をもっと重視する必要があります。

ところで、『庄屋往来』には名主の心構えも記されています。例えば「領主に対しては忠孝を尽くし、百姓らには慈愛をかけ、正直・清廉なる時は、村中は自ずと静謐《せいひつ》になる」といった趣旨の一文があります。理想的な名主像と、その結果として村中が穏やかに治まることが記されているのですが、このような心構えを子供の頃に学び、その後、村民から代表者として捉え返されていた名主の多くは、領主の任命によるとはいえ、村民からも受け入れられる存在でした。

徳川時代が平和で安定していたことは周知の事実ですが、その重要な要素として、六万三〇〇〇余の村々が、程度の差はあれ、全体としては静謐であったことが挙げられます。そして、そのカギを握るのが村役人でした。

◎数十カ村を管轄する村役人も存在

村役人といえば、一般的には「村方三役《むらかたさんやく》」を指しますが、特に徳川時代後期には、名主の上に立って、広範な地域を管轄する大庄屋《おおじょうや》・惣代《そうだい》・取締役《とりしまりやく》などといった村役人が広く設置されるようになります。彼らは数カ村、多ければ数十カ村（多くの場合、組合村《くみあいむら》と称されました）をも管轄し、社会状況の変化に伴い、一村を越える範囲で生じるようになった諸問題に対処する役割を担っていました。

こうした村役人は、地域によってその機能や性格に異なるところがありますが、名主よりもさらに大きな権限を有する行政官としての性格を持ち、国家・領主支配を地域で実現に導く存在でした。その意味では「官」的性格が強いものの、彼らが村々の代表者としての性格を全く持っていなかったということではありません。中には村々を代表して、領主の年貢増徴策に対する村々の反対闘争を主導する者までいました。そこまでいかなくても、一定程度は村々の代表者としての性格も併せ持っていました。

大庄屋・惣代・取締役などが設置されるに至った背景として、一村を越える範囲で生じてきた諸問題、言い換えれば行政需要の拡大に国家・領主的な対応が必要であったという事情が挙げられますが、一方で、なぜこうした広範な地域を管轄する村役人の設置が可能だったのかといった点についても注意を払う必要があります。

徳川時代中期以降の農村では、貧富の差が拡大し、特に後期には一部の上層百姓である地主《じぬし》・豪農《ごうのう》と、多数の下層百姓というように格差がより大きく広がっていきました。大庄屋・惣代・取締役などに任命されたのは、基本的に地主・豪農でした。

地主は、困窮した百姓に資金を利貸して質に取った田畑を集積し、その田畑を小作人《こさくにん》に貸して小作料を取り立てる、文字通り地主経営を行う存在であり、豪農は、地主経営の上に、各地域の商品作物生産や流通・金融の中心として成長した上層百姓でした。彼らは居村を越え、広範な地域で経営を展開することが通例で、一般的にいって、徳川時代後期の地域においては、社会的経済的関係は彼らを基軸に構築されていました。行政需要が拡大する一方で、財政窮乏などによって次第に衰退していた幕藩領主にとって、地域における地主・豪農の統括力と資金力は魅力的なものでした。それゆえ幕藩領主は、彼らを国家・領主支配機構の末端に組み入れ、一村を越える広域的な行政を担わせたのです。

その一方で、大庄屋・惣代・取締役などが村々の代表者としての性格も持っていたことはすでに述べた通りです。彼らの管轄する村々は、地主・豪農としての彼らの統括力の及ぶ範囲で設定されることが多く、彼らは同時に村々を統括する代表者としてもあったのです。加えていえば、地主・豪農の利貸は、一般百姓を経営破綻に追い込むことが少なからずありましたが、百姓の生活を支える場合もありました。また、徳川時代には富の社会的還元が当然であると観念される中で、彼らは広く合力などを行ったのです。その意味で、地主・豪農は「地域の成り立ち」を支えてもいたのであり、幕藩領主の側も地主・豪農であれば誰でもよかったのではなく、そのような側面を強く持つ人物を大庄屋・惣代・取締役などに任命する傾向にありました。つまり、地域の同意が得られるような人物を任命し、そのことにも支えられて、彼らは村々の代表者としてもあり得たのです。惣代（代表者）という名称の村役人が存在したことは、そのことを端的に物語っています。

大庄屋・惣代・取締役などの具体的な仕事についても、次章以降で詳細に述べることになりますが、先に見た名主の仕事のうち、一村から数カ村、さらには数十カ村規模に拡大したようなものや、幕政改革・藩政改革など、徳川時代後期に特有の幕藩領主の施策を村々で実行に移す仕事が中心でした。

村役人の中でも、名主をはじめとする村方三役はまだ教科書などに載っていますが、大庄屋・惣代・取締役などの広域行政を担う村役人は教科書などで紹介されることもありません。しかし、先に述べたように、社会状況の変化に対応して、幕藩領主は支配のあり方も変化させていったのです。広域行政を担う村役人を新たに設置したことは大きな変化でした。このような柔軟性にこそ、幕藩体制の強さを認めることができます。

世間一般にはあまり知られていないでしょうが、本書では、名主と併せて、大庄屋・惣代・取締役などの村役人の仕事についても十分取り上げ、徳川時代が二六〇年もの間、平和で安定していたことの秘密を解き明かしたいと思います。

本書では、四人の村役人を例にとって具体的に見ていきます。本書の前半では関東地方の村役人を、後半では関西地方の村役人を例にとります。村役人の仕事には共通項が多いものの、地方によって異なるところがあります。そこで本書では、徳川幕府が関東と関西を二大拠点としていたことに鑑みて、両地方の村役人の仕事を見ようというわけです。また、もう一つ気をつけなければならないのは、領地によっても村役人の機能や性格に異なるところがあったということです。したがって、両地方の中でも異なった領地の村役人を取り上げ、その仕事を見ることにします。そうして、最後に徳川時代の村役人とはどのような存在であり、その具体的な仕事から見て、徳川時代の政治と社会運営はどのような特徴を持っていたのかを総括したいと思います。

第一章◎上野国旗本知行所の名主伊能家の仕事

回名主伊能家の登場

最初に、上野国《こうずけ》(群馬県)旗本保科《ほしな》家知行《ちぎょうしょ》所の名主伊能《いよく》家に登場してもらい、その仕事を詳しく見ていきましょう。

旗本保科家の知行所は、元禄一〇年(一六九七)以降、上野国内で吾《あが》(我)妻《つま》郡七カ村と群馬郡三カ村に及び、吾妻郡七カ村の中に岩井村がありました(**表1**)。同村の名主を務めたのが伊能家です。同村では貞享期(一六八四~八八)以降、特定の数人が輪番《りんばん》で名主を務めていたようですが、伊能家もその仲間入りを果たし、明和五年(一七六八)二月に、名主に就任していることが確認されます。

明和五年二月に、名主に就任したのは伊能平治《へいじ》(次)右衛門《えもん》です。彼は安永三年(一七七四)二月までの約六年間、名主を務めました。同年同月からは、重五郎《じゅうごろう》なる人物が名主を務めますが、安永六年

表１　旗本保科家知行所10カ村の石高変遷

	村　名	寛文８年（寛文郷帳）	元禄15年（元禄郷帳）	天保５年（天保郷帳）	明治初年（旧高旧領帳）
		石	石	石	石
吾妻郡	伊勢町	219.172	652.227	655.490	647.947
吾妻郡	青　山	77.045	207.441	207.441	199.881
吾妻郡	大　塚	304.343	438.242	438.606	425.312
吾妻郡	赤　坂	246.900	405.449	406.881	390.049
吾妻郡	横　尾	328.932	620.452	651.8355	620.092
吾妻郡	岩　井	314.928	752.884	752.884	737.179
吾妻郡	金　井	76.339	210.377	210.377	205.287
群馬郡	十文字	172.499	228.138	228.138	228.138
群馬郡	白　岩	283.449	315.294	315.294	315.294
群馬郡	松野沢	49.765	62.347	62.347	62.347

『群馬県立文書館収蔵文書目録６　吾妻郡吾妻町　伊能家文書(1)』より。

（一七七七）三月には、再び平治右衛門が名主を務めることになります。その際、平治右衛門から七カ村を管轄する伊勢町役所（代官所）へ提出された請書《うけしょ》の写しが現存しています。そこには「岩井村名主役、当酉の三月重五郎退役ニ仰せ付けられ、跡役の儀入札《いれふだ》仕り候所ニ、平治右衛門高札ニて名主役ニ仰せ付けられ畏《おそ》れ奉り候」（群馬県立文書館所蔵、伊能家文書。以下、特に断らない限り、使用する史料は同文書）とあります。

　安永六年三月、重五郎が岩井村の名主を退役することになり、入札によって後任を選出したところ、平治右衛門の得票数が多かったので、名主役を伊勢町役所から命じられたというのです。そこで、新名主の平治右衛門と前任の重五郎はもちろん、組頭も連名で、伊勢町役所宛てに請書を提出しているのです。

　名主は、一軒の家が世襲する場合が多いのですが、輪番などによって複数の家が務めることもありました。岩井村の名主は後者に該当します。その場合、一般百姓の意向が入札によって反映する仕組みになっていました。特定の数人が輪番で名主を務めることになっているといっても、その数人の中で誰が次期名主に相応しいか、選挙によって民意が反映される仕組みになっていたのです。ただし、請書からわかるように、最終的な許認可権は伊勢町役所にありました。こうして平治右衛門は名主に就任したのです。

一般百姓が選挙によって名主を選ぶということから、名主が村の代表者として位置づけられていたことは明らかです。そして、最終的には、役所が平治右衛門を名主に任命していることからは、名主が村の行政官でもあったことが承知されるでしょう。

回日記に見る名主の主な仕事

平治右衛門は、安永六年三月から天明四年（一七八四）二月まで名主を務めました。その後も数度名主を務めていますが、時期的に離れており、煩雑になってもいけませんので、本章では右の期間に限って、平治右衛門の仕事を取り上げたいと思います。

では、平治右衛門は名主として、どのような仕事をしていたのでしょうか？　彼は名主に就任後、その仕事に関する日記をつけています。例えば、安永六年三月から同七年七月まで記された『名主当番諸用日記』（以下、『日記』と略す）の中から、主な仕事をまとめたものが**表2**です。

ここからは、平治右衛門が実に多岐にわたる仕事をこなしていたことが知られます。大別するならば、①全国の名主に共通する仕事、②その領地に特有の仕事、③その地方のあり方に規定された仕事、

表2　安永6年『名主当番諸用日記』に見る平治右衛門の主な仕事

月	日	主な仕事
3	7	名主役の引き継ぎを行い、伊勢町役所へ請書を持参する。
	10	田中組組頭の入札を行う。／宗門人別改を実施する。／伊勢町大神宮の屋根葺き替えについて組頭衆と相談する。
	11	仲間給金の割合を行う。／屋敷売買証文・質置き証文作成の申請を受ける。／宗門人別改帳を書き始める。
	⑬	年貢先納金上納の書付を受け取り、請取書を作成する。
	15	宗門帳の軒別改めを行う。／田地手形作成の申請を受ける。
	16	年貢上納のために飛脚を派遣する。
	18	田畑売買証文を交付する。／村中に正月をさせる。
	⑲	年貢金の請取書を受け取る。
	24	宗門人別帳に捺印する。
	25	宗門帳を伊勢町役所へ持参する。
	26	田地証文作成の申請を受ける。
	27	伊勢町役所へ7カ村の代表者が出頭する。
		※岩井村五人組改帳・岩井村馬改帳を作成する。
		※御屋敷御用の赦免についての取り成し願いを作成する。
4	⑥	年貢金の請取書を受け取る。
	12	高崎浄水寺の虚無僧1人来村、宿を手配する。
	13	猪くね道の見分に組頭等2人を派遣する。
	14	来たる15日の正月の触をする。／猪狩りにつき隣村と相談し、狩人を手配する。／夜分、青山村の百姓屋敷の火災に組頭等2人を派遣する。
	18	道普請を行う。
	19	六社大明神遷宮のために村中で正月をする。／高野山清浄心院の使僧が来村、御札や土産などを受け取る。
	20	植栗村にて猪鹿追いの費用割を行う。／猪くね道の見分に組頭等2人を派遣する。／殿様不如意のため御勝手向百姓仕送りの命令がある。

月	日	内容
	23	24日の正月の触をする。／越後より座頭2人が勧進奉加のために来村する。
	24	安中谷津町長徳寺僧奉加のため来村。／新田郡細谷村稲荷大明神の灯籠奉加者が来村。
	26	須川村荒沢不動尊の御堂建立奉加のため水月山石蔵寺の僧が来村する。
	27	5月朔日の正月の触を出す。
		※岩井村の田畑林屋敷についての帳面を作成する。
5	10	伊勢町で7カ村の名主が寄り合い、殿様への仕送りについて請書を作成する。
	13	伊勢神宮の御師の手代が中之条に来たので金を渡す。
6	1	人馬継ぎ送りの手配をする。／榛名山への代参について植栗村と相談する。
	4	天気祭の正月として村中を遊ばせる。
	6	西沢架け橋崩壊につき組頭より普請願いを受ける。／出羽国湯殿山・月山・羽黒山の御師が来村、初穂を納める。
	7	天気祭の正月として村中を遊ばせる。
	14	村中で道普請を行う。／横尾村金正院の山伏が奉加のため来村。／信濃国飯山の瞽女が3人来村、宿を手配する。
	17	御納戸仕送りについて年寄・組頭衆と寄合をする。
	18	伊勢町役所へ川除け・橋の見分の願書を提出する。
	㉗	御勝手向き仕送りについての7カ村名主宛て書付を受け取る。
7	1	夏成年貢の上納について伊勢町役所より廻状が来る。
	10	百姓屋敷のくね切り払い出入りの対応をする。
	20	天気祭の費用を徴収する。
8	5	川除け見分が行われる。
		※川除け普請人足出高覚帳を作成する。
	20	津嶋御師来村。／川原湯薬師の奉加を行う。／高野山清浄心院の御札を村中へ配布する。
9	3	伊勢町役所へ年貢を上納する。
	14	紀州熊野本宮の御師が来村、宿を手配する。
11		※地頭所仕送り金返済延期を勘弁してほしい旨の願書を作成する。

12	23	吾妻郡七ヶ村猟師鉄砲改書上・運上筒並びニ村々鉄砲御座無き証文帳を作成する。
	26	7月～12月分の年貢金請取書を受け取る。
		※飛脚賃についての四ヶ村入用割合帳を作成する。
		※岩井村の猟師鉄砲改に関する提出書を作成する。
		※安永6年納付分の田畑年貢に関する合計書を作成する。
1(安永7年)	17	伊勢町役所への年始挨拶について7カ村で寄合をする。／火付盗賊改方の役人から差紙が届く。
	⑰	盗賊被害についての届出書を作成する。
		※年貢の定免切替を従来通りに行ってほしい旨の願書を作る。
		※借用金差引勘定書を作成する。
3		※岩井村宗門人別改帳を作成する。
4	24	天気祭のため近隣4カ村と代参を送る。
5	9	山の口明けについての廻状が届く。
	20	天気祭のため榛名山へ代参を送る。
6	2	榛名山晴天祈禱についての廻状が届く。
	㉙	下総国百姓が順礼途中で病死した件について書類を受け取る。
7	21	天気祭五穀成就の祈禱のために榛名山へ代参を送る。
	㉕	小神楽費用の12カ村負担割についての明細書を作る。

注1）群馬県立文書館ホームページ上の「平成21年度　収蔵資料展1　村日記に見る名主の一年～吾妻地方の村役人のしごと～」中の表をもとに作成。

注2）日付が丸数字の記事は、伊能家文書中のほかの史料によって補足したものであり、※を付した記事は、そのうちの作成日の不明な史料によることを示す。

に大別することができるでしょう。

以下では、右のように大別される仕事のうち、主要なものをいくつか具体的に見ることにしましょう。

回年貢の徴収と上納

まず、全国の名主に共通する仕事のうち、代表的なものとして、年貢の徴収と上納について見てみましょう。

村では、年貢を数回に分けて納めました。岩井村の場合も同様で、数度に分けて年貢の徴収と上納が行われています。そこで、安永六年一二月に年貢の上納が完了した段階で作成された年貢の合計書を先に掲げ、そこに示された内訳から、平治右衛門による年貢の徴収と上納の実際を跡づけることにします。

安永六年酉の田畑御年貢納辻　　岩井村
一、米百四拾九石七升三合五勺　　田方
　外ニ米六石弐斗四升弐勺　　前亥揚
　合米百五拾五石三斗壱升三合七勺

御相場金壱両ニ付き七斗七升也
代永弐百壱貫七百六文壱分也

一、永六拾八貫七百六拾三文九分　畑方
外ニ永四貫百五拾八文五分　前亥揚
畑永合七拾弐貫九百弐拾弐文四分

一、永三貫拾壱文　御かざり《飾》入用・ぬかわら《糠藁》代
右惣都合永弐百七拾七貫六百三拾九文五分也
内永九貫文　御仲間《ちゅうげん》給六人分引
内永壱貫九百四拾八文　名主ニ下され候御扶持米《ふちまい》代引
残り永弐百六拾六貫六百九拾壱文五分也
鐚《びた》両がへ五貫八百文也
金として弐百六拾六両弐分ト鐚一貫百拾文

二月
内金三拾六両也　酉の三月　御屋敷様え先上納
四月

酉の七月より
内金百八拾九両弐分也　伊勢町御役所様え度々ニ上納仕り候
同十二月迄

小以《こい》金弐百弐拾五両弐分也　御両所様へ度々ニ上納
残り金四拾壱両ト鐚壱貫百拾文
此の金残らず、此のたび伊勢町御役所様へ上納仕り候、
右の通り、当酉の田畑御年貢納辻勘定書付指し上げ申し候、若し勘定違いも御座候ハば、仕直シ指し上げ申すべく候、以上、

安永六年
酉十二月

上野国我妻郡岩井村
名主　平次右衛門㊞
組頭　七　兵　衛㊞
同断　仁右衛門㊞
同断　孫左衛門㊞
同断　平左衛門㊞
同断　九郎兵衛㊞

御役人中様

これが年貢の合計書です。「安永六年酉の田畑御年貢納辻」がタイトルで、名主の平治右衛門と組頭たちが連署して伊勢町役所へ提出しています。役所では手元の年貢納入記録と照合した上で、「年貢皆済《かいさい》目録《もくろく》」を交付しました。

この合計書を順に見ると、まず「田方」、次に「畑方」に年貢が賦課されています。続いて「御かざり入用・ぬかわら代」も賦課されています。この史料だけでは判然としませんが、飾りとは、正月や節句の飾りのことと思われます。糠藁は馬の飼料です。これら年貢の合計が「永弐百七拾七貫六百三拾九文五分」となっています。「永」は永楽銭《えいらくせん》を指し、永楽銭によって表示した年貢収納高のことを永高といいます。これは室町時代、関東一円に広まったもので、太閤検地以後は石高に統一されたものの、徳川時代にも年貢高などの表示形式として使用されました。

岩井村では、年貢の合計額をそのまま上納したのではありません。そこから中間六人分の給与・名主の扶持米（給与）代が引かれています。そして、残る「永弐百六拾六貫六百九拾壱文五分」が上納の対象となったのです。

さて、永高はあくまで表示形式であり、永楽銭はいわば擬制貨幣《ぎせいかへい》でしたので、実際の年貢の上納に際しては、金《きん》が使用されています。「金として弐百六拾六両弐分ト鐚一貫百拾文」とあるように、金に換算して上納されたのです。ただし、端数については鐚銭《びたせん》（寛永通宝鋳造後の鉄銭のこと）で上納されています。したがって、金二六六両二分と鐚銭一貫一一〇文が、安永六年に岩井村から保科家へ上納すべき年貢でした。しかし、既述の通り、それらは一度に上納されてはいません。

続けて年貢の合計書を見ると、まず金三六両が、二・三・四月に分けて保科家の江戸屋敷へ「先上納」、つまり前納され、次いで金一八九両二分が、七月から一二月にかけて伊勢町役所に上納されていることがわかります。残金が金四一両と鐚銭一貫一一〇文になりますが、「此のたび伊勢町御役所様へ上納仕り候」とあるので、この年貢の合計書提出と同時、あるいはその直前に伊勢町役所へ上納されたと考えてよいでしょう。そして、この全過程において責任者の立場にあったのが名主でした。

平治右衛門の場合、安永六年三月から名主に再任しているので、二月分の年貢は前名主の重五郎が前納しています。まだ収穫前のため、重五郎が金一二両を立て替える形での前納です。平治右衛門が名主に再任後は、直ちに金一二両を重五郎へ手渡し、「神田宇右衛門様より御出シ遊ばされ候御請取書付壱通、貴殿より拙者方へ請け取り申し候」とあるように、三月一三日に、江戸の保科家役人である神田宇右衛門から交付された年貢請取書を重五郎から受け取っています。三月分からは平治右衛門が前納するようになり、三月一九日、宇右衛門から金一二両について、「右は当酉年御年貢金の内、これ上納請取申し候」として、年貢請取書を交付されました。四月分も平治右衛門が前納し、四月六日に、やはり宇右衛門から金一二両について、同様の年貢請取書を交付されています。いずれの場合も平治右衛門による立て替えでした。表2を見ると、三月一六日に年貢上納について飛脚を派遣しているので、三月分の年貢はこの時、前納したのでしょう。また、表2には記されていませんが、『日記』には四月三日に、江戸屋敷に向けて出立した記事があるので、四月分の年貢はこの時に前納したと考えられます。

次に、伊勢町役所への年貢上納について、平治右衛門の関わり方を見ましょう。この場合の年貢は、年貢の合計書を見ても単に「上納」と書かれているので、前納ではないことがわかります。表2にあるように、七月一日、伊勢町役所から夏成《なつなり》年貢に関する廻状《かいじょう》が届いていますが、例年通り、七夕前に上納することを命ずる内容です。夏成年貢とは単に夏成ともいい、関東で夏期に納める畑の年貢のことです。史料的な制約により、七月以降の年貢上納の詳細はわかりませんが、『日記』には「九月一日、御年貢取り立て候」とあり、九月一日に平治右衛門は村民から年貢を徴収しています。そして表2にあるように、三日、伊勢町役所へ年貢を上納しています。このように平治右衛門は、七月から一二月にかけて数回にわたり村民から年貢を徴収し、伊勢町役所へ上納したと考えて間違いありません。

そうして一二月二六日、平治右衛門は宇右衛門から最後の年貢請取書を交付されています。その内容は、伊勢町役所へ上納した年貢合計金二三〇両二分と鐚銭一貫一一〇文を「相違無くこれ請け取り申し候」というものです。この合計金は、年貢の合計書に示された、残金を含めた伊勢町役所への年貢上納金と一致します。このあと、年貢皆済目録が交付されたことはいうまでもありません。

年貢の徴収と上納は名主の仕事の中でも最も重視されたもので、補佐役の組頭らがいるといっても、決して楽な仕事ではありませんでした。この頃の岩井村、というより保科家知行所では、各村がその年に上納すべき年貢量をまとめて通達した「年貢割付状」は発給されていませんでした。前納はもちろん、七月以降も数回に分けて年貢が賦課されたのでしょう。その場合も、年貢割付状と同様に、岩井村が納めるべき年貢量が通達されただけで、村民一人一人が納めるべき年貢量は通達されなかったのです。なぜなら、幕藩領主は、年貢の個別の割付と収納を全て村に任せていたからです。このように年貢や諸役などを村に上納させる制度を「村請制《むらうけせい》」と呼びます。そして、この制度を実現に導く機構が村役人で、その中心的役割を担ったのが名主でした。そのことは、本項で述べてきたことからも明らかでしょう。

ちなみに、年貢の合計書には、名主の扶持米代として永一貫九四八文が計上されていますが、これは金に換算すると二両弱（現在の金額にして約一二万円）です。年収としてはかなり少額で、このあとに見る仕事も含めると、名主はほとんど名誉職のようなものでした。

回旗本保科家の財政を支える

いま見てきた年貢の徴収と上納とも密接に関わることとして、平治右衛門は領主である保科家の財政を支えるために奔走していました。

まず、年貢上納について少し振り返っておきましょう。旗本知行所での年貢上納は分割納入であることに特色がありますが、保科家知行所もその例に漏れませんでした。異なっているのは、年貢の前納が三度求められていることです。これら前納金は、のちに村民から平治右衛門へ返還されたでしょうが、困窮者の場合はそれも儘ならなかったでしょう。

そもそも村請制が機能するためには、名主が優位な百姓経営を営む存在である必要がありました。それは年貢皆済のために必要なことだったのです。年貢未進をなるべく小さく抑えるためには、年貢を立て替えてやれる者がどうしても必要でした。その年貢立替機能が名主には本来的に求められていたのです（深谷克己『百姓成立』）。もちろん、平治右衛門にも年貢立替機能が求められていました。その応用ともいうべきものが、年貢の前納といえます。当時の保科家の財政は窮乏しており、財政基盤たる年貢についても前納がなければ諸経費を賄えない状況にあったのです。

一般に旗本財政は、徳川時代初期から概ね苦しい状況にありました。旗本財政を支出の面から見ると、主に家臣への扶持米の支給、幕府の行政機構の中での役職や軍事上課せられる負担、私生活に関わる経費でした。旗本はこれらの経費を年貢で賄っていましたが、時代の経過と共に、江戸での消費が拡大して支出が増大したため、旗本財政はより苦しい状態に陥ったのでした。保科家の場合は、そうした状況に対処する一つの方法として、年貢の前納を求めたのです。岩井村の前納金は、あくまで平治右衛門が立て替えたものですが、いずれにせよ合計三六両（約二一六万円）は、彼にとって大きな負担となったことでしょう。

さて、保科家の財政窮乏は年貢の前納だけで解決できるものではありませんでした。前納は急場を凌ぐための一つの方法ではあっても、それによって年貢量が増えるわけではないからです。財政窮乏を改善するためには、年貢の前納に加え、借財などによって財政の赤字を補塡するよりほかはありませんでした。当時、財政窮乏したほかの旗本は豪農《ごうのう》や豪商《ごうしょう》、あるいは幕府からと、借用できるあらゆるところから借財を重ねていましたが、保科家の場合、それ以前にも知行所村々から借財することがあったものの、安永六年以降は「仕送り」の名目で村々から大々的に借財を重ねることになります。

表2にあるように、四月二〇日に仕送りの命令がありました。この仕送りには名主たちが深く関わっていました。『日記』の該当箇所によると、岩井村名主と大塚村名主が江戸屋敷から召喚され、二〇日に江戸から帰村していることがわかります。彼らは「殿様不如意《ふにょい》」、すなわち保科家の財政窮乏

を改善するために、百姓からの仕送りを行うよう命じられたのでした。

岩井村名主は、もちろん平治右衛門です。興味深いことに、平治右衛門は大塚村名主と共に、江戸屋敷から直接仕送りを命じられているのです。そのため、彼は五月一日、伊勢町役所に対して、江戸屋敷から仕送りを命じられたことを伝え、伊勢町名主にもこの件を話しています。このことから、伊勢町役所の役人は仕送りについて知らされておらず、岩井村名主と大塚村名主以外の名主にも知らされていなかったと考えてよいでしょう。百姓からの仕送りであるため、年貢金と同様、名主が仕送り金の徴収と送金の先頭に立つこと、そして、両名主が名主らの中でも代表的な立場にあったためと思われます。

五月一〇日には、伊勢町で吾妻郡七カ村の名主たちが寄り合って相談し、仕送りについての請書を作成していますが、その控の全文は次の通りです。

差し上げ申す御請書の事

一、此のたび御屋敷様御勝手御差し支えニ付き、御知行仕送りニ仰せ付けらるべし、月々御入用御割付御目録を以て仰せ出だされ候、右御入用差し出し候ハば、両郡拾ケ村御物成を以テ年々元利御返済下し置かるべき旨仰せ付けられ、承知仕り候、これに依って、当七月より来ル亥の極月御皆済の節迄三ケ年の内、御請け申し上げ奉り候、御目録の通り相違無く指し上げ申すべく候間、年々御物成ニ御指し引き、元利相違無く御済み下し置かるべく候、仍って御請書連印

指し上ゲ申し候、以上、

安永六年酉五月

上野国我妻郡伊勢町

名主　重右衛門

岩井村

名主　平次右衛門

金井

名主　太兵衛

青山村

名主　勝右衛門

横尾

名主　傳助

大塚

名主　友八

赤坂

名主　庄兵衛

御役所様

右の通り酉五月十日、いセ町名主殿へ寄り合い連印致し、御役所へ指し上げ申し候控也、要するに、月々入用割付目録の通りに入用金を差し出せば、吾妻・群馬両郡一〇カ村の年貢金を以て、年々元利共返済してくれるとのことなので、当年七月から安永八年（一七七九）一二月までの三年間、仕送りすることを承知しているのです。なお、名主たちは、間違いなく送金するので、元利共間違いなく返済してくれるよう念を押しています。

末尾の文言からは、名主たちは伊勢町の名主宅に寄り合って請書を作成し、そのまま伊勢町役所へ提出したことがわかります。最初は岩井村名主と大塚村名主に江戸屋敷から命じられた仕送りでしたが、その後、伊勢町役所をはじめ、ほかの名主にも知らせた上で相談し、吾妻郡七カ村として仕送りを引き受けることに決し、伊勢町役所を通じて江戸屋敷に請書を提出しているのです。請書を受け取った江戸屋敷からは、六月二七日に七カ村の名主たちに対して、「太義乍《なが》ら御用向き相勤め候」との領主からの言葉を伝える書付が下されています。なお、群馬郡三カ村も仕送りを命じられていました。吾妻郡七カ村と群馬郡三カ村は地理的なまとまりはもとより、管轄する役所も異なっていたことから、別々に仕送りをすることになったのでしょう。

その後、七カ村が保科家へ月々どれだけの入用金を仕送りしていたのかは、史料が残っていないためにわかりません。ただし、それがかなりの額に上っていたことは、一一月六日に、七カ村の名主たちが伊勢町役所へ提出した願書から窺えます。そこには、「御仕送りニ付き差し上ゲ申す金子の内、八拾両当冬御借り置き遊ばせられたき旨」を保科家から申し渡されたことが記されています。これまで仕送りとして差し出した金子のうち、八〇両（約四八〇〇万円）は元利共返済せず、冬の間借りたままにしたいというのです。しかし、これに対して名主たちは、当一二月中に元利共必ず返済するという約束で金主からその金子を調達して送金したので、勘弁してほしいと願っています。続けて、当冬に金主へ元利共返済しなければ、来年の仕送りに差し支える旨を述べ、金主への返済が滞れば、引き続き金子を借用することが困難となることを言い添えています。

願書からは、仕送り金の一部でも八〇両に上り、七カ村は相当な額を仕送りしていたことが窺い知れます。また、それ以外にも、保科家の財政窮乏はかなり進行しており、返済も儘ならないこと、そして、仕送りの開始は年貢納入開始時期と重なっており、かつ大金ゆえに、仕送り金は商人や豪農からの借用に頼っていたことがわかります。

では、願書で主張された名主たちの願意は聞き届けられたのでしょうか？　一一月二八日に、七カ村の名主たちが伊勢町役所に対し、「御仕送り金の儀、御物成の内ニて御勘定下し置かるべしの御書付御印もの下し置かれ頂戴奉り候」と記した請書を提出しています。つまり、名主たちは、保科家から金八〇両を年貢金の中から返済することを記した書付を下され、その書付に対し、伊勢町役所を通じて請書を提出しているのです。保科家にしてみれば、いくら財政窮乏が進行しているとはいえ、今後七カ村が金主から金子を借用できなくなり、仕送りに支障をきたす事態は何としても避けたかったでしょう。そこで、八〇両の返済延期を断念したと判断されます。

次も安永六年の仕送りの全体像を示すものではありませんが、一二月に、平治右衛門は伊勢町役所から、安永六年分の仕送り金の利息を受け取っています。その額は金三両三分と鐚銭一貫一五八文です。岩井村名主として受け取っているので、この利息は岩井村分ということになります。きちんと利息が支払われていたことが確認できると共に、一村の利息でもこの額なので、七カ村からの仕送り金は、やはり相当な額だったでしょう。

安永七・八年の仕送りについても、それぞれ簡単に見ておきましょう。

安永七年（一七七八）は前年の仕送りによって保科家の財政窮乏状態が少し改善されたようで、七カ村からの送金額は減っています。同年は、一月に金五〇両を送金し、途中返済額に誤りがあったものの、最終的に七カ村は元利五五両三分と鐚銭四九〇文を受け取っています。七カ村からの送金はほかになく、あとは五月に、江戸屋敷が直接江戸の大黒屋忠兵衛なる商人から金二〇両を借用していうす。ただし、一カ月一〇両につき一分の割合で支払う利息は、七カ村が負担することになっていました。しかし、これも六・七月分の二分だけで済んでいます。

続いて安永八年の仕送り金ですが、増加に転じています。七カ村からの仕送り金は判明しませんが、岩井村だけで合計三三両三分を送金しています。送金期間は前年一二月から当年四月までとされ、最終的に元利三七両二分と鐚銭五六〇文が返済されました。その後、詳細は明らかではありませんが、前年と同様、五月に、江戸屋敷が江戸の田中治兵衛なる商人から金子を借用することになります。しかし、この年は保科家の財政窮乏が深刻だったようで、さらに江戸屋敷は一〇カ村に対し、七月中に御用金（領主が領民らへ強制的に課した臨時の賦課金）の名目で一〇〇両の上納を命じているのです。四カ年賦で元利共（利息は三〇両につき一分）返済されることになってはいましたが、村々にとって大きな負担となったことは間違いありません。

岩井村では、平治右衛門が作成した帳面などによると、御用金については、百姓困窮につき大戸安左衛門なる金主から借用して二一両余を上納し、仕送り金のほうは百姓たちが捻出しています。平治右衛門は早い段階で御用金賦課について知らされていたようです。そこで、仕送り金についてはあえて金主からの借金に頼らず、御用金のほうを金主からの借金によって工面し、両方を借金に頼ることを避けているのです。両方を借金に頼れば、それぞれについて利息が発生するわけで、そうした事態を回避しようとしたのでしょう。この点に関連することとして、仕送り金のほうは、平治右衛門は百姓たちから金子を集めましたが、出金できない者を除く一七〇人程（史料の破損によって人数を確定できません）の百姓たちから貧富に応じて出金させ、自らは金三両三分と鐚銭三三六文も出金しています。

こうした平治右衛門の一連の差配があって、岩井村は何とか仕送りと御用金上納を果たしたのです。なお岩井村では、安永七・八年も年貢の前納を求められており、平治右衛門は自ら年貢を前納し、その上で仕送りと御用金上納についても差配しなければなりませんでした。他村の名主も似たり寄ったりだったでしょう。

仕送り、さらに御用金上納は七カ村が行うことになっていましたが、金子の徴収と送金はもちろん、金主からの金子の借用、返済が滞った場合の領主側との折衝など、名主たちが中心となって遂行されていました。平治右衛門ら名主は、保科家の財政を支える上で大きな役割を果たしていたのです。

回村内の治安維持

全国の名主に共通する仕事として年貢の徴収と上納について見、次いで、それと密接に関わることとして、旗本保科家の財政を支える側面を見てきました。後者は前者と不可分な関係にありましたが、領主の財政を支えることは、全国の名主に共通した仕事とはいえません。その領地に特有の仕事に分類すべきものです。このように、名主の仕事は大まかに分類できても、境界線を引きにくいところがあります。いまから見る火付盗賊改《ひつけとうぞくあらためかた》方の調査への関与もその一つです。村内の治安維持は名主に共通した仕事ですが、この場合は、その地方のあり方に規定された仕事という面を持っていました。

表2にあるように、安永七年一月一七日、火付盗賊改方土屋《つちや》帯刀《たてわき》組の舟橋長右衛門から平治右衛門へ差紙《さしがみ》（月日を指定した役所からの召喚状）が届いています。その内容は、「尋ねたいことがあるので、中之条町の名主平八方まで直ちに出頭せよ」というものでした。

早速、平治右衛門は組頭の孫左衛門と共に吾妻郡中之条町へ向かったところ、先方からは、「昨年一〇月中に、岩井村内で盗賊の被害に遭った者はいるか」といった旨を尋ねられています。そこで、二人は帰村して該当者がいるか調査しているのです。その結果、盗賊被害に遭った者はいなかったので、そのことを同日中に、文書を以て火付盗賊改方土屋帯刀組の深津八郎兵衛へ届けています。

この時、火付盗賊改方の役人たちは平八方に滞在していたようで、差紙自体が平八の使者から届けられています。長右衛門と八郎兵衛はおそらく与力《よりき》です。詳細は明らかではありませんが、安永六年一〇月中に、中之条町周辺で盗賊による被害が相次いだのでしょう。その被害が甚大であったか、または江戸市中と何らかの関係があったためか、火付盗賊改方の役人たちが出動し、同町を拠点に調査を行ったものと考えられます。

火付盗賊改方といえば、小説や時代劇の影響もあって寛政期（一七八九〜一八〇一）の長谷川平蔵《はせがわへいぞう》が著名です。彼が登場するのはもうしばらくあとのことで、当時の火付盗賊改方の頭（長官）は旗本の土屋守直《もりなお》（通称は帯刀）でした。テレビの時代劇では、火付盗賊改方は専ら江戸市中で火災や盗難の予防、放火犯・盗賊・博徒の逮捕を行っていますが、実は同役は江戸市中を管轄していたわけではありません。特別捜査官のようなもので、江戸市中内外の犯罪を取り締まるばかりか、他国へも赴いて犯人を捕らえることができたのです。ただし、その活動範囲は関東を中心としたものでした。

話を元に戻すと、名主は村内の治安維持に関わることが通例でしたが、一般的に直接犯人の逮捕などを行うことはなく、右に見たように、役人の補佐をすることで治安維持に関わっていました。ただ、火付盗賊改方の調査に関わるというのは、関東地方に特有の仕事でした。

もう一例、天明三年（一七八三）に起こった事件について見ておきましょう。五月五日と二五日の両度、清兵衛なる人物が、忠五郎方で大酒を飲んで過言を並べ、その上、不埒な振る舞いに及びました。その様を差し置きがたいとして、忠五郎は「名主御役所」へ訴え出ます。その結果、平治右衛門は清兵衛が吟味《ぎんみ》を受けるべき旨を、清兵衛はもちろん、彼の所属する五人組と親類へ申し渡しました。

この場合の吟味は、裁判にあたって被疑者を調べ、事件の事実関係を明らかにすることですが、これを平治右衛門が行うわけではありません。名主は一般に裁判権までは持っておらず、伊勢町役所などで武士によって吟味が行われました。村民に吟味を受けるよう指導する形で裁判に関わっていたのです。興味深いのは、平治右衛門の居宅が「名主御役所」と称されていることで、この頃になると、代表的な名主は、伊勢町役所などの出先機関的な役割を果たすようになっていたといえるでしょう。

さて、現代でもそうですが、当時でも裁判沙汰になるのは面倒なことです。勝手なものですが、特に訴えられる側にすれば避けたいことでしょう。実際、清兵衛側は、「吟味相成り申し候得ば、彼是迷惑ニ存じ候」といい、吟味の日延べを平治右衛門へ願っています。その内容は次のようなものでした。①今後、清兵衛は忠五郎方へ決して私用では出入りしない。②五人組・親類も清兵衛に申し聞かせ、今後は不埒なことがないようにさせる。③万一、清兵衛が我儘《わがまま》に忠兵衛方を訪れた場合は、親類・五人組から願い出るので、その際は上様（保科家当主）へ上申され、吟味の上、裁定を下されたい。要するに、吟味の日延べというのは、一時的な吟味の延期ではなく、今後清兵衛が忠兵衛へ不埒を働こうとしない限り、逆にいえば、働こうとした場合には吟味を受けるという意味で、事実上、清兵衛たちは赦免を願ったのでした。

その後の経緯については史料的に明らかにできませんが、吟味に関する史料が全く残存していないことからすれば、清兵衛たちの願意は聞き届けられたと考えてよさそうです。

いずれにせよ、平治右衛門は名主として、いま見たような村内での揉め事にも対処する必要がありました。忠五郎と清兵衛の関係について詳細は明らかではありませんが、清兵衛が今後私用で忠五郎方へ出入りしないと約束しているところからすれば、忠五郎が商売を行う豪農で、清兵衛がその下で働く奉公人だったのかもしれません。揉め事の原因についても明らかではありませんが、村内には様々な人間関係があり、現在と同様、そこから揉め事などが多様な形で生じました。その程度により、名主は仲裁したり、領主側の吟味に持ち込んだりしたのです。なお、被疑者が赦免を願う際の窓口になったのも名主であったことは、清兵衛側の例で見た通りです。

序章で見た『庄屋往来』にも記されていたように、名主は村中を静謐《せいひつ》、すなわち穏やかに治まった状態に保つことを求められていました。村内の治安維持はそのための重要な仕事の一つだったのです。

回村内のインフラ整備

平治右衛門は、治安維持以外にも様々な形で村中の静謐を保つために努めていました。続いて、村民の生活・生産にとって欠かせないインフラの整備について見てみましょう。

例えば、安永六年六月六日、平治右衛門は組頭の七兵衛から、西沢の架け橋が崩落したため、その普請《ふしん》願いを受けます（表2）。もう少し詳しくその内容を知るために『日記』の該当箇所を見ると、「西沢佐一右衛門脇のかけはし（架け橋）崩れ申すべき趣」を、平治右衛門は七兵衛から知らされています。「西沢」は「西の沢」などとも表記され、**図1**の岩井村絵図の西端を縦に走る沢（絵図には「寺沢」と記されていますが、「西沢」と呼ばれることが多かったようです）を指します。その西沢の佐一右衛門宅の傍にある橋が崩壊したというのです。西沢には二つの橋が架かっており、上方の橋の傍に民家があるので、これが佐一右衛門宅かもしれません。いずれにせよ、二つの橋のうちの一つが崩壊したことは間違い

図１　岩井村絵図

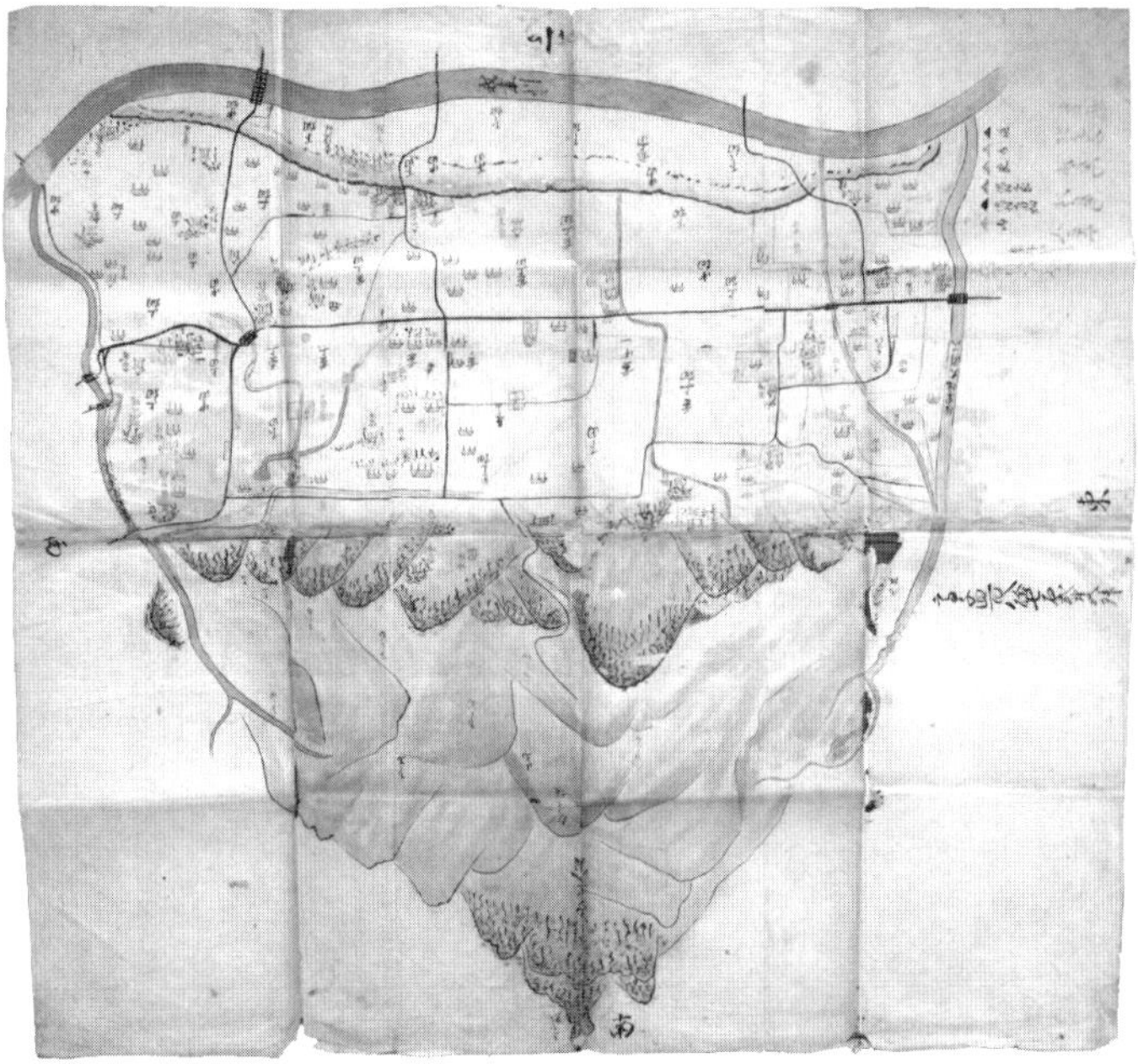

群馬県立文書館所蔵伊能家文書。

ありません。この件につき、平治右衛門は七兵衛から報告を受けているのですが、七兵衛は続けて、橋の普請のために御林《おはやし》（領主の管理下にある林）から材木をもらい受け、人足《にんそく》も村中から借りたい旨を平治右衛門に願っているのです。

岩井村は、田中・西・山根・原・松木の五組から構成されており、七兵衛は西組を持ち場とする組頭だったようです。そこで、西組内で起こった橋の崩落につき、岩井村を総括する名主平治右衛門へ報告し、その普請を願っているわけです。

岩井村では、五月中に雨天が続き、二七日には吾妻川や沢の水量が著しく増加していました。西沢の架け橋の崩落はそうした状況下で起こったのです。

七兵衛は組頭として、右のように平治右衛門へ願い出ましたが、平治右衛門は岩井村一村を預かる名主として、より広い視点から村況の改善を図る必要がありました。そこで、七兵衛からの願いも踏まえながら、ほかの組頭らとも相談の上、六月一八日に伊勢町役所へ川除け《かわよ》（堤防などの、河川の氾濫防止施設）見分の願書を提出しています（表2）。

その内容は次の通りです。「五月中に雨天が打ち続き、二七日には大水となり、今後少しの水量の増加でも水が溢れ、田畑が殊の外川欠《かわかけ》（水害によって当分使用できない田畑）になるような状況である。ほかに秣《まぐさ》（馬の飼料にする草）の運搬の際にも使用している橋に問題が生じている。どうか見分を実施し、その上、川除け・橋の普請を命じてほしい。その際、御林から材木を下されるようお願いする。御林から材木を下され、川除け・橋の普請を行うよう、ご慈悲を以て命じられれば有り難い」。

吾妻川や沢の増水は西組だけの問題ではなく、岩井村全体にとっての問題でした。そこで平治右衛門は、岩井村全体に関わることとして、田畑の荒廃を防ぐために川除けの普請を願い、併せて西組内の橋の普請も願っているのです。その際、平治右衛門は橋について、秣の運搬にも使用していることを言い添えていますが、これは一つの戦略的な表現といえます。岩井村は榛名山《はるなさん》の北麓に位置しており、山中の秣場を周辺村々と共同で使用していました。実際、秣場から刈り取った秣を西沢に架かる橋から運び込んでいたのでしょう。単に橋というのではなく、この点を言い添えることで、百姓経営の維持に関わる問題として領主側に提示し、願意の聞き届けられる可能性を高めようとしたものと考えられます。

なお、普請には「御普請《ごふしん》」と「自普請《じふしん》」がありました。前者は領主側が人足扶持などの費用を負担して行う土木工事で、後者は村が費用を負担して行う土木工事です。平治右衛門としては、願書の内容から判断して、御普請に持ち込もうとしたのでしょう。保科家の財政が窮乏している折ですから、完全な御普請が叶わなくとも、材木の下賜だけでも実現したいところだったと思われます。

平治右衛門が願書を提出したあと、なかなか伊勢町役所から返答はありませんでした。保科家の財政窮乏が関係していたと考えてよいでしょう。そして、八月五日になって、ようやく代官の根岸忠右衛門らが見分を実施しています（表2）。その結果、普請を命じられたのですが、御普請ではなく自普請でした。ただし、材木は杉一四本・楢《なら》一本を御林から下賜されることになったので、一部御普請の要素を持つ普請でした。その意味で、平治右衛門が目論んだ通りになったといえます。なお、下賜された材木のうち、四本が西組内の橋の普請用に遣わされることになっています。完全な御普請は叶いませんでしたが、これで堤防と橋の普請を行えるようになりました。

実際に普請を実施するとなれば、材料以外に多くの人足が必要でした。堤防の普請については、平治右衛門が作成した安永六年八月『川除け普請人足出高覚帳』と題する史料が残存しており、普請の工程から各工程で必要とされた人足の名前までがわかります。詳細は省きますが、普請は八月八日から一七日の間に行われ、五間（約九m）にわたる堤防が完成しています。作業は毎日行われたのではなく、作業日は合計七日でした。七日間に普請に従事した人足は、合計男二八七人にも上っています。

安永七年の『宗門人別改帳《しゅうもんにんべつあらためちょう》』によると、岩井村の人口は五五七人で、内訳は男三〇九人、女二四八人でした。そのほかに僧五人、下男二五人、下女一八人もいました。この数値からすると、普請には岩井村の男性のほとんどが人足として動員されたことがわかります。これら人足の動員は、平治右衛門を中心として行われました。また、自らも普請に出ており、その監督にもあたっていたようです。

橋の普請については、その後の経緯を示す史料が残っていませんが、材木も下賜されていることから、普請が行われたのは間違いありません。その実現にあたっては、彼の戦略的な願い方が功を奏していたことを見逃せません。名主には、そうした政治的駆け引きを行う力量も必要だったのです。

回御触書の伝達

これまで見てきた仕事以外にも、名主は多くの仕事をこなしていました。村の行政官としての仕事をもう二、三例示し、そのあとで村の代表者としての仕事にも注目していきましょう。

ここでは御触書の伝達について見ます。これは全国の名主に共通する仕事で、領主からの御触書はもちろん、中央政府たる幕府からの御触書も、名主を通じて村民に周知されていました。

平治右衛門は伊勢町役所から村々へ廻達《かいたつ》される御触書を写し取り、それを、集めた百姓たちに読み聞かせるなどして、御触書の趣旨を徹底させようとしました。重要な御触書の場合は、その趣旨を遵守する旨を記した請書を百姓たちから提出させることもありました。次に、少々長い引用となりますが、その一例を示しましょう。

在方《ざいかた》ニおゐて何事ニ依らず徒党の儀申し勧め、相加わらざる者は居宅焼き払い、又打ち壊す抔《など》威し張り紙等致し候儀これ有り候ハヾ、其の村は申すに及ばず、最寄り村々百姓共申し合わせ、右の場所え罷り越し、徒党の内、頭取並びに重立ち候者と見請け候分は勿論、たとへば此の家ニ火を懸ケ申すべしとか、打ち壊すべしとか申し出で候ものを搦《から》め取り候様ニ致し、若《も》し手ニ及び難く候ハヾ、住所・名前等聞き糺《ただ》し、支配他村、御料《ごりょう》・私領等の差別無く相認め、支配御代官所又は支配違いの御代官所え成りとも、最寄り次第差し出すべく候、万一搦め違い・名差し違い等これ有り候ても苦しからず、尤も徒党の者共仇を致さず候様取り計らい遣わシ、相応の御褒美下さるべく候、万一遺恨を以て科《とが》なき者名前を申し立て候事これ有るニおゐてハ、吟味の上重科《じゅうか》に成すべく候間、村々心得違いこれ無く急度《きっと》相守り、兼ねて心懸ケ候様支配所限り村々小前《こまえ》の者共迄洩れざる様申し渡し、請書印形取り置き、村役人其の外小前の者共迄銘々居宅え書付張り置き候様申し渡さるべく候、

天明三卯十一月日

右の通り仰せ付けられ候の趣、此のたび委細ニ仰せ聞かされ承知の上、御請印形差し出し申し候、以上、

上野国我妻郡岩井村
三右衛門㊞

惣　助㊞
平四郎㊞
（ほか一四四名略）

後半の「天明三卯十一月日」までが御触書です。これは天明三年（一七八三）一一月に幕府から発せられた御触書で、保科家を介して、その知行所村々にも廻達されました。岩井村へは伊勢町役所から廻達されています。研究者の間でも比較的よく知られた御触書で、幕府が発した百姓一揆禁止令の一つです。

大要は次の通りです。徒党への参加を呼びかけ、参加しない者の居宅は焼き払い、または打ち壊すと記した張り紙を貼る者がいれば、百姓共はその頭取などを搦め捕るようにせよ。もし手に及び難ければ、同じ領地の他村はもちろん、御料（幕領）・私領（大名・旗本の領地）の区別なく、その者の住所・名前を聞きただし、最寄りの代官所などへ差し出すこと。以上を村民が常々心掛けるように領地ごとに申し渡し、請書を提出させよ。

村民の協力を得て百姓一揆を未然に防ぐことを目的として発せられた御触書ですが、その末尾で村民から請書を取ることが命じられています。そこで、平治右衛門は御触書を百姓たちに読み聞かせたあと、請書を作成しているのです。まず、御触書を改めて写し取ります。それがいま読んだ部分です。次いで、「天明三卯十一月日」に続く二行を書き加えています。要するに、右の御触書の趣旨を詳細に聞かされ承知したので、請書を提出します、という意味です。そして、以下、岩井村の百姓一四七名に連署《れんしょ》させているのです。彼らは各家の当主で、家族を代表して連署しています。当時の岩井村の総家数は一四七軒でしたので、これで村内の百姓全員が御触書の遵守を誓ったことになるのです。

こうして平治右衛門は、各種の御触書を村民に伝達し、周知徹底させていました。御触書の作成主体は武士ですが、それらは名主の手を経て初めて社会の中で機能することができたのです。

回村内の人口把握

村内の人口把握も名主の仕事でした。これも全国の名主に共通する仕事です。

表2を見てもわかるように、平治右衛門は『宗門人別改帳』を毎年のように作成していました。安永六年（一七七七）三月作成の宗門人別改帳は現存しませんが、先ほど少し見た、同七年三月に作成された宗門人別改帳は現存しています。宗門人別改帳とは、村ごとに作成し、領主に提出された戸籍簿のような帳簿です。家ごとに戸主《こしゅ》を筆頭に家族成員、下人《げにん》などが記載され、檀那寺《だんなでら》によって、各人がキリシタンでない旨の証印が押されています。そして、末尾には村の戸数と総人口が記されます。

名主は宗門人別改帳の写しを手元に置いておき、村内の人口に増減があった際には、その記載を修正し、常に最新の村内人口を把握するようにしていました。

では、村内人口の増減が生じるというのは、どのような場合でしょうか？　もちろん、出生と死亡による増減はありますが、村民の移住による増減もありました。次に、その事例を二つ示しておきましょう。

安永八年（一七七九）二月、吾妻郡西中之条村の太兵衛の弟作治郎が、同郡五反田村の治左衛門の仲立ちによって、岩井村の平助方へ跡式相続のために養子として引き取られました。こうして養子を他村から迎えることで、岩井村の人口が増えることになったのです。

ただし、居村から他村への移住は、当事者らが勝手に行ってよいものではありません。この場合なら、戸主の太兵衛が西中之条村の名主と岩井村の名主から許可を得なければなりませんでした。すなわち、太兵衛は西中之条村の名主に対し、弟作治郎を岩井村へ養子として移住させたいことを願い、許可を得た上で、西中之条村の名主から岩井村の名主宛てに、「人別送り状」などという手形を発行してもらう必要があります。そこには、作治郎が養子として岩井村へ移住する許可を願う旨が記されています。この願いを岩井村の名主が許可して初めて、作治郎の移住が可能となったのです。この時、岩井村の名主平治右衛門が西中之条村の名主平左衛門に宛てた一札《いっさつ》には、「然る上は、其の御村宗門人別御帳面御除き成されるべく候、当村の宗門人別御改帳え相加え申し候」と記されています。作治郎が岩井村へ移住するにあたって、西中之条村の宗門人別改帳から彼の名前を削除するよう依頼し、岩井村の宗門人別改帳へ新たに彼の名前を書き加えるというのです。こうすることで、作治郎の岩井村への移住手続きが完了することになりました。

もう一つの事例は、婚姻によって岩井村の人口が減る場合です。安永八年三月、岩井村の傳之丞の娘くにが、吾妻郡箱島村の所右衛門の仲立ちにより、同村の六左衛門に娶られました。

この場合の居村から他村への移住も、当事者らが勝手に行うことはできません。先の事例のように、戸主の傳之丞が岩井村の名主と箱島村の名主から許可を得る必要がありました。すなわち、傳之丞は岩井村の名主に対し、娘くにを箱島村へ嫁がせたいと願い、許可を得た上で、岩井村の名主から箱島村の名主宛てに人別送り状を発行してもらう必要があったのです。そこには、くにが六左衛門の嫁として箱島村へ移住する許可を願う旨が記されています。この願いを箱島村の名主が許可することで、くにの移住が可能となったのです。結果、箱島村の名主清内は岩井村の名主平治右衛門に証文を送り、「送り状の通り、其の御村宗門人別御改帳御除キ成さるべく候、当年より此の方宗門人別帳ニ書き加え申すべく候」と、くにの移住を許可しています。岩井村の宗門人別改帳から彼女の名前を削除するよう依頼し、新たに箱島村の宗門人別改帳に彼女の名前を書き加えることになったのです。こうして、くにの箱島村への移住手続きが完了しました。

以上のように、名主は、いわば戸籍に関する事務も行っていたのです。その代表的なものが宗門人別改帳の作成ですが、その後の人口の増減に関する事務も執っていました。人口の増減を逐一名主が把握することで、新たな宗門人別改帳が作成されるたびに、領主は領内人口を把握すると同時に、キリシタン禁教政策も遂行することができたのです。そして、領主が「御普請」などを実施する際には、それを基に人足を賦課することができ、先に見た「自普請」などの場合でも、名主はそれを基に適正な人足を動員することができたのでした。

回来村者への対応

名主は様々な来村者への対応も行っていました。右に見た他村から居村への百姓の移住とは異なり、徳川時代の村には、村外から勧化《かんげ》（寺社の建造や修復のために寄付を集めること）の者・浪人・座頭《ざとう》などが訪れることがありました。多くの場合、彼らの訪問の目的は村民からいくらかの金銭を得ることで、村民との間でトラブルが発生することもあったのです。

村によって差異はありますが、勧化の者・浪人・座頭などには、多くの場合、名主が村を代表して対応していました。この場合の名主の立場は、村の行政官というより、村の代表者であったと考えてよいでしょう。そして、これも全国の名主にほぼ共通する仕事でした。

まず表2に沿って、安永六年（一七七七）における来村者と、彼らに対する平治右衛門の対応を見てみましょう。

四月一二日に、高崎浄水寺《じょうすいじ》の虚無僧《こむそう》一人が来村しています。『日記』によると、午後四時頃に平治右衛門へ宿を願って来ており、そこで彼は、傳右衛門方で宿を手配しました。施物《せもつ》を求めての来村だったのでしょうが、暮れになり、宿を求めたものと思われます。虚無僧が修行の旅の過程で、施物を求めたり、旅宿を求めたりすることは珍しいことではありません。虚無僧によっては、手配された宿が粗末だと文句をいって暴れることなどがあり、名主らを困らせる場合もありましたが、このたび来村した虚無僧は木賃《きちん》と米代も出し、問題はなかったようです。

一九日には、高野山《こうやさん》清浄心院《しょうじょうしんいん》の使僧が来村しました。現在も存在する、あの高野山内の寺院からも勧化の者が訪れていたのです。当時は東から西へ、西から東へと勧化の者が長距離を移動することは、それほど珍しいことではありませんでした。『日記』によると、使僧は村中へ御札一四〇枚を配り、名主をはじめ、村役人には別に御札と土産を持参しています。ただし、使僧は何の見返りも求めずに御札や土産を持参したのではありませんでした。

続けて見るように、四月には金銭を求めて来村する者が複数人おり、ほかの史料からも判断して、そのような状況は毎年のことだったようです。そこで平治右衛門は、清浄心院の使僧がこのたび奉加《ほうが》（神仏に奉納する金品）を募りたいと願ったのに対し、「この辺りは最早養蚕《ようさん》などで忙しい時期なので、奉加を募ることはできない」との内意を伝えています。上野国は古くから養蚕の国として知られ、徳川時代にも、上野国の百姓らにとって養蚕は貴重な現金収入源でした。ただ、岩井村では養蚕業が盛んに行われていたわけではなく、使僧への平治右衛門の発言は、一時的にでも奉加を回避するための方便だったようです。しかし使僧は、翌安永七年（一七七八）が弘法大師九五〇年忌であり、金灯籠《かなどうろう》一〇〇本と常夜灯《じょうやとう》の費用として一万両（約六億円）が必要なのだが、自力に及び難いので、諸方で勧化を行っているといい、岩井村で奉加を集める許可を再度願っています。この結果、使僧は秋に再び来村し、奉加を集めることで決着しています。そして八月二〇日には、再度使僧が来村し、村中から鐚銭六一一文を受け取りました。

そのほか四月中には、二三日に、越後国（新潟県）から座頭二人が勧進奉加の名目で来村したため、村中から五〇文を出しています。翌二四日には、安中谷津町長徳寺の僧が奉加のために来村したので七二文を、また新田郡細谷村稲荷神社の奉加の者が来村したので一六文を、それぞれ村中から出しています。さらに二六日には、須川村荒沢不動尊の御堂建立のため水月山石蔵寺の僧が奉加のために来村したので、平治右衛門が村中分として一〇〇文を立て替え遣わしています。

その後も、伊勢神宮の御師《おんし》の手代《てだい》、横尾村金正院の山伏《やまぶし》、信濃国（長野県）飯山の瞽女《ごぜ》（盲目の女性旅芸人）らが岩井村へ来村し、平治右衛門はその都度、村中から奉加を集めて遣わしたり、宿の手配をしたりしました。

以上のように、平治右衛門は岩井村を代表して来村者に対応していたのです。奉加を求めてやって来る勧化の者が最も多く、彼は村中から奉加を集めて遣わし、場合によっては彼が奉加を立て替え、あるいは宿の手配をすることもありました。基本的に来村者は金銭目的でやって来たので、相対で高額の奉加を要求されるなどして、村民との間でトラブルが発生することを防ぐため、窓口を名主である平治右衛門に一本化していたのです。また、窓口を一本化することで、村民はいちいち来村者に対応する煩わしさから免れることができるという利点もありました。

来村者は毎年のように岩井村にやって来ましたが、時代が下るにつれ、その数は増える傾向にありました。一度や二度ならまだしも、何度も何度も奉加などを求められては、村民にとっては負担以外の何物でもありません。しかもその際、無理に金銭を要求されることなどがあり、村民を苦しめる状況も発生させていました。また、勧化の者などは岩井村にだけ来村したのではありません。広く周囲の村々も訪れました。そこで、時に領域を越えて周辺村々が連合して、村民の負担を軽減するための措置を講じたのです。

例えば、文化六年（一八〇九）、岩井村を含む吾妻・群馬両郡の三八カ村の名主らが、来村者の扱い方について、一種の法である議定《ぎじょう》（『群馬県史』資料編一一　近世三）を制定しています。大意は次の通りです。「浪人・船倒の者・旅僧・山伏・座頭・盲女（瞽女）・諸勧化の者に対し、志の施物は別として、金銭を無理に要求された場合は決して渡してはならない。右の者たちが金銭をしつこく要求し、あるいは法外な金額を要求してきた場合は、その場に拘束して訴え出よ」。このような議定が制定されるということは、広く三八カ村に共通して、来村者たちが村民らに対して金銭を無理に要求したり、法外な金額を要求したりすることが、少なからずあったことを示しています。したがって、各村の代表者たる名主らは、自主的に議定を制定し、事態を打開しようとしたのでした。

浅間山の噴火と復興

最後に、その地方のあり方に規定された仕事として、天明三年（一七八三）に起こった浅間山《あさまやま》の噴火とその復興過程において、平治右衛門が岩井村の名主として、どのように行動したのかを見ましょう。

浅間山の噴火は、宝永四年（一七〇七）の富士山の噴火と並ぶ、徳川時代に起こった最大規模の噴火です。その被害は甚大でしたが、七月八日に発生した土石流は特に大きな被害をもたらしました。土石流は吾妻川に流れ落ちて沿岸の村々を呑み込み、さらに下流の利根川沿いの村々に至っています

図2　浅間山噴火の土石流による被害地域

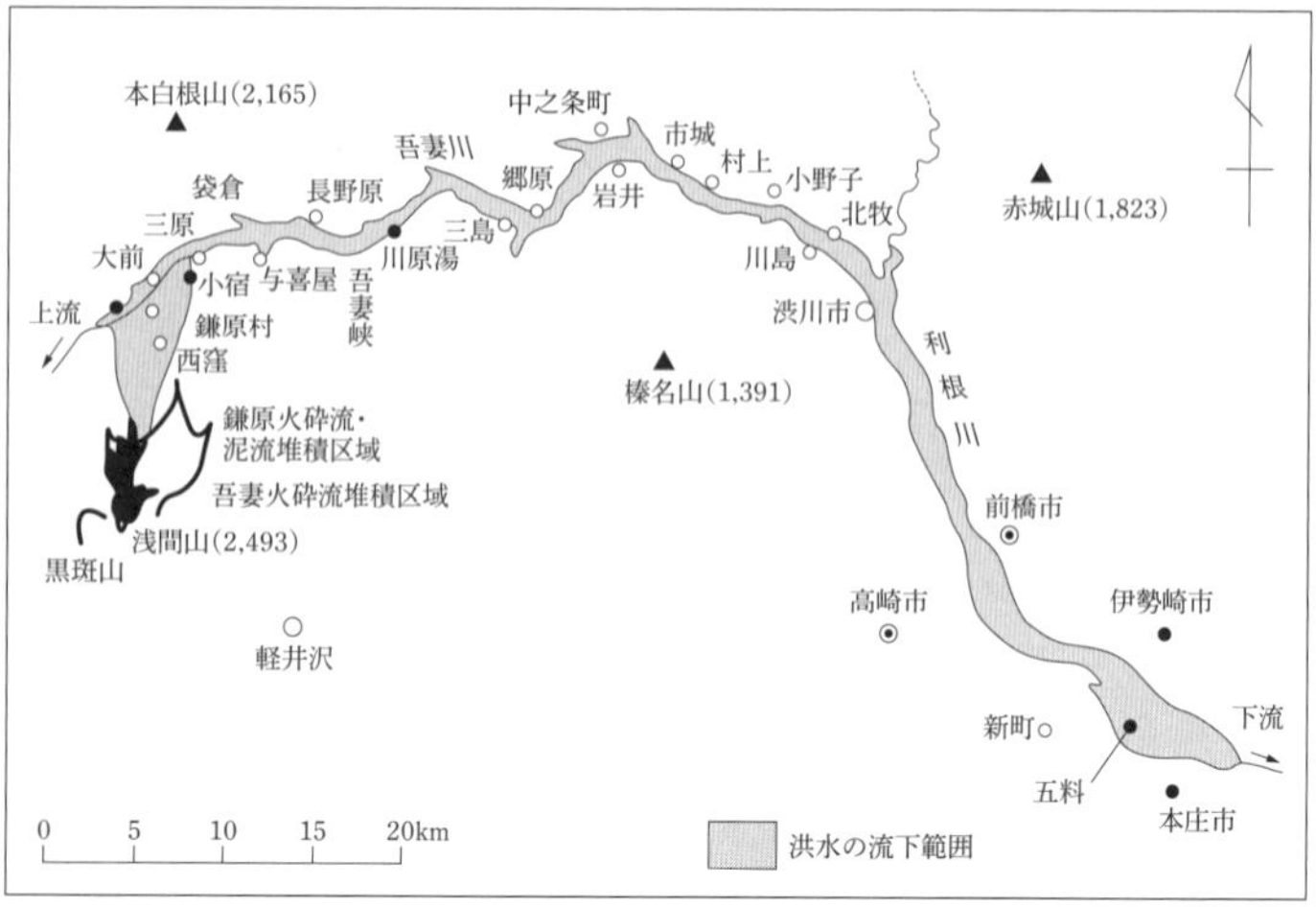

松尾美恵子「富士山噴火と浅間山噴火」所収の図をもとに作成。

（図2）。

この状況を重く見た幕府は、勘定《かんじょう》吟味役《ぎんみやく》の根岸九郎左衛門鎮衛《やすもり》を現地に派遣しています。鎮衛の見分書《けんぶんしょ》によると、死者が出た村は一六カ村で、死者は合計一一〇四人を数えました。流失した家屋の合計は九九〇軒に上り、ほかにも泥に埋もれたり、泥が流入したりした家も少なくなく、泥や砂が入って荒れ地と化した田畑も多く、耕作に欠かせない馬の犠牲も大きなものでした（表3）。ただし、鎮衛の見分書には記載がないものの、ほかにも被災した村は数多くありました。岩井村もその一つでした。

平治右衛門が作成した天明三年九月『高反別書上帳』によると、村高七三七石一斗七升九合、反別九一町九反四畝一五歩のうち、泥砂や焼け石が流入して荒地となった村高が四四石二斗五升、反別六町八反八畝一一歩で、ほかの被災した村々と

表３　浅間山噴火の土石流による被害状況

	村名	村高(石)	泥砂荒地(石)	人数(人)	流死(人)	家数(軒)	流失(軒)	馬数(匹)	流死(匹)
吾妻川通南縁	大笹	208	2						
	鎌原	332	324	597	466	93	93	200	170
	芦生田	162	151	183	16	43	43	43	43
	小宿	113	98	290	149	60	60	81	70
	川原湯	73	64	74	14	31	19	17	11
	祖母嶋	434	40			120	27	76	1
	川嶋	686	486	768	113	168	127	101	28
	南牧	98	70	101	5	24	24	8	8
吾妻川通北縁	大前	151	90	452	27	81	81	40	4
	西久保	51	24	160	54	40	40	41	29
	羽根尾	258	179	253	27	63	63	27	13
	坪井	84	25	140	8	30	21	30	18
	長野原	252	201	428	152	71	71	36	36
	横屋	134	98	134	9	35	24	20	12
	松尾	296	107	454	3	116	6	52	2
	郷原	222	20						
	原町	902	128			229	24		
	中之条町	711	130						
	北牧	860	409	736	52	171	135	79	60
利根川南縁	渋川	549	29						
	渋川	1128	117						
	中	317	245	418	20				3
	中	22	0.7			6	4		
	半田	857	287	787	9	191	42	41	5
	漆原	1150	255			245	＊7		
	植野	506	0.2						
	中嶋	250	210			57	＊34		
	沼上	471	431			246	＊300		5
	新井	697	219			170	＊42	18	3
	八丁川原	339	261			196	＊60		
	川井	824	434			105	＊34		
	中瀬								
利根川北縁	上八崎	967	56						
	下八崎	420	15						
	田口	675	192			96	＊44		
	関根	491	90			85	＊41		
	上福嶋	608	186			111	＊49	21	1
	柴宿	730	308			140	＊71		
	平塚	911	30						

根岸鎮衛の見分書により作成。＊は泥入、流失・潰家を集計したものも含む。
松尾美恵子「富士山噴火と浅間山噴火」所収の表11をもとに作成。

比較すると被害は軽いほうでした。特に五四一人中で流死は一人、家数一四九軒中で流失なし、馬数五〇匹中で流死なし、という程度で済んでいます。被害を小さくした原因の一つとして、岩井村の主要道が吾妻川から遠ざかっており、それに伴い、家屋も川辺から距離を置いていた点が挙げられるでしょう（図1参照）。

さて、七月九日には噴火は沈静に向かい、その後、村々の復旧が開始されました。保科家知行所では、一〇日に、岩井村と金井村の村役人たちが江戸屋敷へ注進状を以て被害状況を知らせています。その後、保科家役人の原田清右衛門が知行所村々を廻村することになりますが、二〇日に、平治右衛門は組頭・百姓代たちと連名で、岩井村の荒地の見分を願う願書を清右衛門へ提出しています。そのため、保科家役人らによる見分が行われ、「御百姓へ殿様御手元より当時御救いとして金子弐両下し置かれ有り難き仕合せニ存じ奉り候」とあるように、八月一八日には、平治右衛門をはじめ村役人一同が、見分役人を通じて領主からの救済金二両（約一二万円）を受け取り、その後、困窮している百姓たちへ割り渡しています。

しかし、いくら岩井村の被害が軽いほうとはいえ、二両程度では焼け石に水でした。しかも秋の凶作は決定的でした。そこで平治右衛門は、九月一日に、同時に年貢延納と年貢減免を伊勢町役所に願い出ました。しかし聞き届けられず、その後、吾妻郡七カ村で同役所に願っていますが、やはり聞き届けられませんでした。それでもめげずに再度七カ村で嘆願したところ、ようやく領主側も重い腰を上げ、二七日に見分役人が派遣されています。この間に群馬郡三カ村も吾妻郡七カ村に合流し、惣代《そうだい》

（代表者）を立てて嘆願を繰り返したようです。このような経過を辿り、領主側もこれまで通りの年貢上納は困難と判断し、一一月になって年貢減免を認めるに至りました。年貢延納については、すでに一一月に入っているわけですから、事実上認められた形です。

年貢減免の決定に対する一〇カ村からの請書が現存していますが、そこには一〇カ村の惣代として、群馬郡三カ村惣代の十文字村名主久米右衛門、吾妻郡七カ村惣代の大塚村名主代組頭源蔵と岩井村名主平治右衛門の名が記されています。先に見た荒地見分を願う際の平治右衛門は、ほかの村役人たちと共に願っていることからも、村の行政官として行動していたといえます。しかし、その後の年貢延納と年貢減免を願う際の彼の立場は、村の代表者でした。村からの仕送りに頼らなければならないほどの財政窮乏状態にある保科家にしてみれば、村々が被災しているとはいえ、年貢延納や年貢減免は何とか回避したいことでした。本来、保科家領主支配の末端に位置する村の行政官が願うべきことではありません。このように、名主は状況に応じてその立場を変え、村中の静謐《せいひつ》を保とうとしたことがわかります。保科家から提示された年貢減免率は村によって異なりましたが、平治右衛門の活躍により、岩井村は田畑とも四〇％引きの年貢上納を認められたのです。

ところで、当初、幕府は私領の復興は私領主の責任という立場を崩しませんでしたが、私領主の力では及び難いことが次第に明らかになる中で、幕領・私領の区別なく、幕府が公儀《こうぎ》（国家公権）として復興に乗り出すことになります。その判断材料となったのが、すでに七月末から実施されていた根岸鎮衛ら幕府役人による各地の見分結果です。彼らの見分は九月末まで続けられていたことが確認できますが、その際に私領村々から幕府による復興を願う願書が提出されたことも見逃せません。平治右衛門も何度か同趣旨の願書を提出しています。例えば、九月に彼は見分役人に対し、保科家からの救済金だけでは不十分であるとして、「何卒《なにとぞ》御公儀様御慈悲を以て、百姓相続仕り助命仕り候様御救い遊ばされ下し置かれ候様願い上げ奉り候」と記した願書を提出しています。岩井村は私領ですが、領主からの救済だけでは百姓経営を維持して生きていけるか覚束ないため、幕府が公儀として救済してくれるよう願っているのです。その他の多くの村々から提出された同様の願書が、幕府が公儀として復興に乗り出すことを後押ししたと考えられます。なお、先に見た平治右衛門作成の『高反別書上帳』は、実は鎮衛の見分に際して提出されたものです。平治右衛門は幕府による救済に大きな期待を寄せていたといえるでしょう。

一〇月中旬以降に「公儀御普請」が始まり、幕府は幕領・私領の区別なく耕地の復旧を実施したのです。二九日には幕府から、勘定奉行の松本伊豆守秀持《ひでもち》が泥砂で埋まった田畑開墾を担当するとの発表があり、一一月に入ってからは被災地の領主たちへ、その具体的な内容が申し渡されています。その内容は、村々にも申し渡されました。保科家知行所村々の名主・組頭へは、一一月四日に、鎮衛と秀持から、「武蔵国・上野国・信濃国の村々で泥砂が流入した場所は、私領の分も、堤はもちろん、用悪水路・道・橋などを公儀が普請する。工事は難儀の軽重に従って村々を組み合わせて村請《むらうけ》で行うので、江戸の町人や他村の百姓らへ下請けなどに一切出さず、当該村々の百姓自らが精を出して普請を行え」と申し渡されています。これに対し、岩井村では平治右衛門ら村役人をはじめ、村民一同が、幕府の普請役人へ請書を提出しています。その中で平治右衛門は、工事を村請で命じられ、村々にとって「御救い」にもなり百姓一同が有り難く思っている、と述べています。「御普請」ですから村々の負担は一切なく、幕府側も今回の御普請が「御救い」（幕藩領主による救済）の趣旨を持つ工事であると述べており、人足は村請で被災した村々の百姓が雇われることになっていたのです。つまり、公儀御普請は災害復興事業であると共に、被災者救済事業でもあるところに特徴がありました。幕府は公儀として、個別領主では到底果たし得ない三カ国にまたがる耕地の復旧に取り組みつつ、やはり個別領主だけでは不十分であった百姓らの救済にも乗り出したというわけです。

岩井村では、一一月二一日に平治右衛門が御普請金として金一五両を受け取り、普請が開始されました。以後、幕府の普請役人がたびたび平治右衛門宅に宿泊し、普請の進行状況を視察しています。岩井村での普請の監督は名主である平治右衛門が担当し、広域的な指導・監督は普請役人（各々担当村はありましたが、複数村を兼任していたようです）が行っていました。なお、幕府は普請金を分割して下しており、その後も平治右衛門は数回御普請金を受け取っています。一二月三日に一〇両、一六日には四〇両を受け取っています。そして、二二日に、平治右衛門は幕府の普請役人へ、石積み一一二八間（約二・三㎞）、荒地七町九反歩余の「起返《おこしかえし》」（荒地の復旧）を報告し、見分を受けて普請は完了しました。その後も平治右衛門は幕府から御普請金を受け取り、最終的には合計金一一九両三分と鐚銭一六五文を受け取っています。平治右衛門はほかの村役人立ち合いの下で、これを村民へ割り渡しています。単純計算して各家が一両近い人足賃を受け取ったことになります。

以上のように、平治右衛門は、被災した岩井村を復興させるため、機を得て願書を提出したり、村の被害状況を報告したりして、幕府にも積極的に働きかけていることは注目に値します。この場合、彼は幕府役人に働きかけていることからしても、保科家知行所に属す村の行政官ではなく、村の代表者として行動していたといえます。その後、公儀御普請が実現してからは、幕府から被災地の領主への申し渡しもあり、平治右衛門は保科家知行所に属す村の行政官として普請を完成に導いたのです。

浅間山噴火後の村々の復旧については古くから研究されていますが、名主の果たした役割が注目されることはあまりありません。しかし、彼らの活躍なくして災害復興や被災者救済を実現することはまず不可能でした。岩井村では平治右衛門が村の行政官として、また村の代表者として行動することによって、それらが実現されていたのです。

名主平治右衛門が果たした主な仕事を見てきましたが、彼の活躍なくして、旗本保科家の支配はもちろん、幕府の政策も岩井村では実現することができませんでした。保科家については、その財政をも平治右衛門ら名主が支えていたのです。また、村の行政官としてのみならず、村の代表者としての平治右衛門の働きもなければ、村中の静謐を保つことは困難でした。名主平治右衛門の存在の大きさは、もはや言を俟ちません。

第二章◎武蔵国幕領の名主・大惣代佐野家の仕事

回名主佐野家――武士から名主へ

次に、徳川幕府の本拠地・江戸があった武蔵国（東京都と埼玉県のほぼ全域、および神奈川県の東部）、しかも幕領の名主を取り上げ、その仕事ぶりを見てみましょう。

徳川幕府は中央政府であると共に、全国に約四〇〇万石の領地を有する最大の領主でした。本章では、その幕領のうち、武蔵国足立郡（東京都足立区）内の佐野新田《さのしんでん》（幕末時点で石高二三三石六斗五升七合）の名主を代々務めた佐野家を取り上げます。佐野新田では、第一章で見た上野国《こうずけのくに》吾妻郡《あがつまぐん》岩井村《いわいむら》の場合と異なり、佐野家が名主を世襲していました。

佐野家は、名主を世襲する点では、当時の一般的な名主家といえますが、元武士だったという点で異色の名主家です。そのような名主家も存在したのです。以下で述べていくこととも関わってきますので、ここでは、武士から名主へ転向した佐野家の経歴を辿っておきます。

佐野家の経歴を知ることができる史料として、文政七年六月「奉仕伊奈氏由緒書」（足立区立郷土博物館所蔵、佐野家文書。以下、特に断らない限り、使用する史料は同文書）が挙げられます。佐野家が幕臣の伊奈《いな》氏に仕えた由緒を記したものですが、同時に佐野家の由緒書にもなっています。これによると、初代は佐野新蔵胤信《たねのぶ》で、文禄二年（一五九三）に新田を開発し、自らの名字を付けて村名を佐野新田として、同村を在所としたことが知られます。その後、彼は伊奈忠次《ただつぐ》と息子の忠治《ただはる》に仕えました。これ以降、佐野家は代々佐野新田に住居し、在地家臣として伊奈家に仕えたのです。

伊奈忠次とは、徳川家康の関東入封に際して関東代官頭《かんとうだいかんがしら》（のち関東郡代《ぐんだい》）に任じられ、約一〇〇万石の幕領を管轄した有力幕臣で、その地位は代々伊奈家が世襲しました。佐野家はこの伊奈家に仕え、民政面で活躍したのです。初代の胤信以降は、佐野庄兵衛胤繁（のち新蔵正繁に改名）、佐野平太夫正時、佐野勘蔵正命、佐野勘蔵正翼、佐野勘蔵正邦、佐野直太郎正苗（のち勘蔵に改名）と続きますが、佐野家文書によって、実際に佐野家が伊奈家の役人として活躍していたことが裏づけられ、特に水利普請《すいりふしん》や鷹場《たかば》の分野で実力を発揮していたことがわかります。

しかし、寛政四年（一七九二）三月、伊奈忠尊《ただたか》が関東郡代を罷免《ひめん》されて失脚します。そのため、「奉仕伊奈氏由緒書」は、寛政三年（一七九一）一月一一日に、正苗が忠尊に御目見えしたところで終わっています。伊奈家の失脚後、佐野家は同家から離れ、佐野新田の名主となったのでした。

一般的な理解に従えば、兵農分離によって、「兵」＝武士は都市に集住し、職人・商人も都市に吸い上げられ、その結果、「農」＝百姓だけが村内に残り、村は都市に対する専業農村として完成することになります。この理解は間違いではありません。しかし、一〇〇％正しくもありません。しばしば物事に例外があるように、兵農分離にも例外がありました。佐野家の初代胤信は戦国武将の千葉勝《ちばかつ》胤《たね》の子であり、胤信は地侍《じざむらい》として村内に住む武士であったと考えてよいでしょう。本来なら、兵農分離によって江戸などの都市部に移住するのが筋ですが、佐野新田を自ら開発したこともあり、同新田を在所とし続けることにしたものと考えられます。徳川時代に至っても、佐野家のような武士は存在したのです。そうして、代々佐野新田を在所とし、在地家臣として伊奈家に仕えた佐野家でしたが、主《あるじ》の失脚後は他家には仕えずに百姓となり、佐野新田の名主として生きて行く道を選んだのです。

表1は佐野新田の名主をまとめたものです。これによると、天保九年（一八三八。あるいは翌一〇年）までは、佐野新田の名主は基本的に二人体制でした。二人のうち、佐野家の名主は芳平・勘蔵・賢次郎で、円蔵は、佐野家が名主に就任する以前に一人で名主を務めていた者と思われます。天保一一年（一八四〇）以降、名主は一名のみとなり、佐野家が代々名主役を引き継いでいます。

名主二人体制がしばらく続いた理由は判然としませんが、佐野家は佐野新田の開発者であり、武士でもあったことから、村民にとっては領主的な存在であり、佐野家が村の行政官としての性格を強く持つ一方、円蔵が村の代表者としての性格をより強く持ち、佐野家と村民の間で緩衝材的な役割も果たしていたのかもしれません。また、佐野家は名主役としての経験がないことから、円蔵がしばらくサポートする必要があったでしょう。いずれにせよ佐野家は、伊奈家の失脚後は、代々佐野新田の名主を務めたのです。

表1 佐野新田の支配代官と名主一覧

年号	支配代官	名主
寛政八（一七九六）	伊奈友之助	円蔵
一〇（一七九八）	伊奈友之助	芳平 円蔵
享和元（一八〇一）	伊奈友之助	芳平 円蔵
二（一八〇二）	伊奈友之助	芳平 円蔵
三（一八〇三）	伊奈友之助	芳平 円蔵
文化三（一八〇六）	伊奈友之助	芳平 円蔵
五（一八〇八）	伊奈友之助	芳平 円蔵
六（一八〇九）	伊奈助右衛門	芳平 円蔵
七（一八一〇）	伊奈助右衛門	芳平 円蔵
一一（一八一四）	小野田三郎右衛門	芳平 円蔵
文政元（一八一八）	小野田三郎右衛門	芳平 円蔵
三（一八二〇）	小野田三郎右衛門	勘蔵 円蔵
四（一八二一）	中村八太夫	勘蔵 円蔵
五（一八二二）	中村八太夫	勘蔵 円蔵
六（一八二三）	中村八太夫	勘蔵 円蔵
七（一八二四）	伊奈半左衛門	勘蔵 円蔵
八（一八二五）	伊奈半左衛門	勘蔵 見習賢次郎 円蔵
九（一八二六）	伊奈半左衛門	勘蔵 円蔵
一〇（一八二七）	伊奈半左衛門	円蔵 見習賢次郎
一一（一八二八）	伊奈半左衛門	勘蔵 円蔵
一二（一八二九）	伊奈半左衛門	勘蔵 円蔵
天保元（一八三〇）	伊奈半左衛門	勘蔵 円蔵
二（一八三一）	伊奈半左衛門	勘蔵 見習賢次郎 円蔵
三（一八三二）	中村八太夫	円蔵 見習賢次郎
四（一八三三）	中村八太夫	円蔵 賢次郎
五（一八三四）	中村八太夫	円蔵 見習賢次郎
六（一八三五）	中村八太夫	円蔵 賢次郎
九（一八三八）	中村八太夫	円蔵 賢次郎
一一（一八四〇）	中村八太夫	賢次郎

回 年貢の徴収と上納など

第一章では、平治右衛門の仕事を、①全国の名主に共通する仕事、②その領地に特有の仕事、③その地方のあり方に規定された仕事、に大別しましたが、この分類は平治右衛門の仕事のみならず、全国の名主の仕事にも当てはまります。したがって、佐野家の仕事もこの分類に沿って見ていくことにします。ただ、その場合、全国の名主に共通する仕事については、一つ一つを詳細に取り上げることはしません。名主によってそれらの内容は少しずつ違っていますが、年貢の徴収と上納を例にとれば、その方法などに違いはあっても、年貢を徴収し、上納するという点に違いはありません。その方法などの違いを子細に見ていってもよいのですが、煩雑になることを避けるため、全国の名主に共通する仕事については、代表的な例を示しながら本項で

一二（一八四一）	中村八太夫	賢次郎
一三（一八四二）	伊奈半左衛門 関保右衛門	賢次郎
一四（一八四三）		
弘化二（一八四五）	築山茂左衛門	賢次郎
三（一八四六）	築山茂左衛門	賢次郎
四（一八四七）	築山茂左衛門	賢次郎　〔勘蔵〕
嘉永元（一八四八）	築山茂左衛門	賢次郎　〔勘蔵〕
二（一八四九）	築山茂左衛門	賢次郎
三（一八五〇）	青山録平	賢次郎　〔勘蔵〕
四（一八五一）	青山録平	賢次郎
五（一八五二）	青山録平	賢次郎　見習市仁
六（一八五三）	斎藤嘉兵衛	賢次郎　見習市仁
安政元（一八五四）	斎藤嘉兵衛	賢次郎　見習市仁
二（一八五五）	斎藤嘉兵衛	賢次郎　見習市仁
三（一八五六）	斎藤嘉兵衛	賢次郎　見習市仁
四（一八五七）	斎藤嘉兵衛	賢次郎　見習市仁
五（一八五八）	小林藤之助	賢次郎　見習市仁
六（一八五九）	小林藤之助	賢次郎　見習市仁
万延元（一八六〇）	小林藤之助	賢次郎　見習市仁
文久元（一八六一）	小林藤之助	賢次郎
二（一八六二）	小林藤之助	賢次郎　見習市仁
三（一八六三）	竹垣三右衛門	賢次郎
元治元（一八六四）	木村董平	賢次郎
慶応元（一八六五）	木村董平	賢次郎　見習孝次郎
二（一八六六）	佐々井半十郎	賢次郎　見習孝次郎
三（一八六七）	佐々井半十郎	賢次郎　見習孝次郎
明治元（一八六八）	佐々井半十郎	勘蔵
二（一八六九）	小菅県	勘蔵
三（一八七〇）	小菅県	勘蔵
五（一八七二）		勘蔵

『諸家文書目録──佐野家』中の表2をもとに作成。

まとめ、その他の仕事については、代表的な仕事を一つ一つ詳細に見ることにしたいと思います。

さて、全国の名主に共通する仕事の中で最も代表的なものといえば、やはり年貢の徴収と上納です。これは、名主の仕事の中で最も重要な仕事でもありました。佐野家は佐野新田の名主に就任後、明治初頭まで毎年、年貢の徴収と上納を行っていました。その様相を知るために、明治元年（一八六八）一〇月付けの「年貢《ねんぐ》割《わり》付状《つけじょう》」（免状・免定）を見てみましょう。

辰御年貢納むべき割附の事

武蔵国足立郡
佐野新田

当辰より丑迄拾ケ年定免
一、高弐百三拾三石六斗五升七合
此の反別弐拾九町七反廿四歩
此の訳ケ
田高百八拾壱石四斗弐升九合
此の反別弐拾弐町七反九畝拾三歩

畑高五拾弐石弐斗弐升八合
此の反別六町九反壱畝拾壱歩
内高七斗九升七合　年々引き
此の反別壱反壱歩
残高五拾壱石四斗三升壱合
此の反別六町八反壱畝拾歩
（中略）
取　米七拾四石壱斗九升弐合　定免切替
内米五合　去る卯増
永八貫五百拾八文壱歩
去る卯内
外
一、林銭場三畝九歩　酉中川堤敷引
一、永弐文　藪銭
此の反別壱畝拾五歩
外ニ壱反八畝弐歩　酉中川堤敷引
未より寅迄弐拾ケ年季
一、永四百文　質屋稼冥加永

一、米壱斗四升　　　　御伝馬宿入用
掛かり高七拾石六斗五升七合
外高百六拾三石　　助合《（助郷）》高免除
一、米壱斗四升壱合　　六尺給米
掛かり高
外高　　右同断
一、永百七拾六文六歩　　御蔵前入用
納め合わせ　米七拾四石四斗七升三合
　　　　　　永九貫九拾六文七歩
右は当辰定免《じょうめん》御《お》取箇《とりか》書面の通り候条、村中大小百姓・入作《いりさく》のもの迄残らず立ち会い、甲乙無くこれを割り合い、来ル極月十日限り急度《きっと》皆済《かいさい》せしむべきもの也、
明治元辰年十月　河瀬外衛　印

年貢割付状とは、領主が毎年、村単位に年貢量を通達した令状です。徳川時代の佐野新田の年貢割付状が現存していないため、明治元年のものを掲げましたが、内容的には徳川時代のものと変わりません。明治四年（一八七一）の廃藩置県まで藩が存在し、幕藩体制は完全には解体していません。そ

のため、多くの研究者が廃藩置県までを近世と捉えています。徴税を含め、近代的な統治システムが本格的に動き出すのは、それ以後のことです。

当時の佐野新田は武蔵知県事の河瀬外衛が管轄していたので、彼から同新田の負担すべき年貢量が通達されています。この年貢割付状は写しであるため宛先が省略されていますが、通常は名主・年寄・惣百姓が宛名になります。村役人をはじめ、村民全員に向けて、負担すべき年貢量が通達されたわけです。その内容を簡単に説明しておきましょう。

佐野新田の石高は二三三石六斗五升七合で、そのうち田高が一八一石四斗二升九合、畑高が五二石二斗二升八合でした。畑高のうち七斗九升七合は年貢賦課の対象から除かれています。「年々引き」と記されているだけで、理由は記されていませんが、水損などで年貢が賦課できなかったのでしょう。そこで畑高については、この分を差し引いた残高五一石四斗三升一合が年貢賦課対象となっています。その結果、米七四石一斗九升二合と鐚銭《びたせん》八貫五一八文一歩が本年貢として賦課されているのです。ただし、村民の負担はそれだけではなく、「外」として各種付加税を納めることが命じられています。中でも伝馬《てんま》宿《しゅく》入用（五街道の問屋・本陣の給米、宿場の費用に充てた）・六尺《ろくしゃく》給米《きゅうまい》（江戸城台所の六尺という人夫の給米に充てた）・御《お》蔵前《くらまえ》入用（江戸浅草蔵前にある幕府米蔵の維持費に充てた）は「高掛物《たかがかりもの》三役《さんやく》」といい、幕領の百姓に課されたものです。したがって、佐野新田はまだ幕領としての実態を失っていなかったといえます。いずれにせよ、各種付加税も合わせて、米七四石四斗七升三合と鐚銭九貫九六文七歩が、この年に佐野新田の村民が納めるべき年貢量とされました。

すでに第一章でも触れましたが、年貢割付状ではその村が納めるべき年貢量が通達されるだけで、村民一人一人の納めるべき年貢量は記されません。佐野新田の場合も同じでした。河瀬外衛は年貢割付状の末尾で、「御取箇」＝年貢は書面の通りなので、大小百姓・入作（他村からやって来て小作をすること）の者まで立ち会って、来たる一二月一〇日までに年貢の総額を皆済するよう命じています。

河瀬外衛は、年貢の個別の割付と収納を、すべて村に任せているのです。このように、年貢や諸役などを村に上納させる制度を村請制《むらうけせい》というわけですが、その中心的役割を担ったのが名主で、当時の佐野新田の名主は勘蔵でした。勘蔵の時代のものは残っていませんが、佐野家歴代の名主が各百姓に上納すべき年貢を割り当てた帳面が数冊現存しています。村請制を採用している限り、勘蔵も同様に年貢を割り当てたことは間違いなく、その上で年貢を徴収したのです。

年貢が皆済されると、「年貢皆済目録《ねんぐかいさいもくろく》」が下されます。一二月に、外衛から勘蔵宛てに交付されました。その末尾には、「右は当辰御年貢本途《ほんと》・小物成《こものなり》、其の外共書面の通り皆済せしむニ付き、小手形《こてがた》引き上げ一紙目録相渡す上は、重ねて小手形差し出し候共、反古《ほご》ニ為すべき者也」と記されています。つまり、本年貢とそれ以外の雑税が皆済されたので、これまで渡した小手形全部と引き換えに年貢皆済目録を交付する、というのです。年貢は数回に分けて納めますが、そのたびに渡されたのが小手形です。年貢が皆済されると、それらと年貢皆済目録が交換されたのです。

佐野家歴代の名主は、これまでに見たような形で、佐野新田における年貢の徴収と上納の全過程において責任者としての立場にあり、もっといえば、村請制を実現に導く機構として存在していたのです。

次に、もう一例、年貢の徴収と上納に次ぐ代表的な仕事である御触書の伝達についても見ておきましょう。これも少し長い引用となりますが、文政八年（一八二五）四月付けの御触書を掲げます。

申し渡シ

都《すべ》て百姓共ハ専らニ農業を精出シ、奢《おご》りケ間《がま》敷《し》き義一切致さず、御年貢米金納方触れ日限り急度相納め、前々御触の趣堅ク相守り、一村睦《むつ》ま敷《じ》く致し、且つ老年ニ及び夫婦これ無く、幼年ニて両親これ無く、老年ニ相成り候て子なき者共ハ、村内一同申し合わせ養育等いたし遣わすべき事、

一、宿村の内、孝行人・奇特人等これ有り候ハヾ、早々訴え出づべし、其の品ニ寄り御褒美等下し置かれ候様ニも取り計らい遣わすべき事、

一、博奕《ばくえき》・賭けの勝負等ハ御法度の趣聞かせ居り候事ニ候得共、万一心得違い、右体の義ニ携わり候者これ有り候ハヾ、早々訴え出づべし、且つ先村より送り等も取り置かず、出所知らざる者へ店を貸シ差し置き、或いは数日滞留致させ候義等曾《かつ》て致し間敷く候、右体の者罷《まか》り在り候得ば、自然と良民共悪事を見覚え候様成り行き、宿村不取り締まりの基《もとい》候条、役人共ハ尚更《なおさら》心付け、小前《こまえ》一同申し合い、出所知らざる者は一夜の宿も致す間敷き事、

右の趣相心得、小前百姓共へも洩れざる様得と申し聞かせ置くべき者也、

酉ノ四月　伊半左衛門

右仰せ渡され候趣一同承知畏《おそ》れ奉り候、仍《よ》って御請印形差し上げ奉り候、以上、
文政八酉四月三日
武州足立郡渕江領佐野新田
百姓　直　七㊞
同　平　蔵㊞
同　庄　七㊞
(ほか一九名略)

伊奈半左衛門様
御直に仰せ渡さる、

これは代官の伊奈半左衛門から発せられた「申し渡シ」と題する御触書です。佐野新田は、寛政四年までは関東郡代伊奈家の支配下にありましたが、伊奈家失脚後は代官所支配となります。伊奈家は累代の功績により断絶を免れ、同族から養子を迎えて家督を相続しました。この伊奈半左衛門は、こうして名跡を継いだ伊奈家に属し、当時代官職にあった人物です。

後半の「酉ノ四月　伊半左衛門」(当時は名字を略すことがしばしばありました)までが御触書で、大要は次の通りです。前書き部分では、百姓は農耕に専念し、期日までに年貢米金を収めること、また一村睦まじくし、鰥寡孤独《かんかこどく》を村中で労わるよう申し渡されています。続く一条では、村内に孝行者・奇特者がいれば知らせるよう命じ、二条では博奕、そのほかの賭け事を行う者がいれば知らせること、

また村方不取り締まりの基であるから、出所の知れない者を村内に逗留させることなどは決してしないようにと命じられています。

最末尾に「御直に仰せ渡さる」とあり、この御触書が、半左衛門が来村の上、直に発したものであることがわかります。かつて伊奈家の家臣であった佐野家が名主を務めているということもあって、佐野新田に代官が直々に赴いたのかもしれません。いずれにせよ、代官によって直に発せられた御触書ということもあり、当時の名主勘蔵は請書を作成しています。まず御触書を写し取っています。右に大要をとった部分です。次に「酉ノ四月　伊半左衛門」に続く一文を書き加えています。御触書の内容を百姓一同承知したので、請書を提出します、といった意味です。そして、各百姓家の当主に連《れん》署《しょ》させ、半左衛門宛てに提出しているのです。

このように、佐野家歴代の名主は、領主としての幕府はもちろん、中央政府としての幕府から発布される各種の御触書を村民に伝達し、必要に応じて請書を作成することで、その内容を周知徹底させていました。

そのほか、佐野家歴代の名主は、第一章で見た平治右衛門と同様、村内の治安維持・インフラ整備・人口把握などの仕事もこなしていました。名主は全国の村々に存在していましたが、このように、彼らに共通の普遍的な仕事をこなしていたところに一つの特徴があるのです。

回村法の制定

村は、名主ら村役人が中心となって運営されていましたが、そうした村の運営は一種の法である村《むら》議定《ぎじょう》に基づいて行われていました。村議定は全国の村々で広く確認でき、珍しいものではありません。ただし、佐野新田の村議定には少し独特の形式が見られます。

村議定は一般的に、村役人を中心とする本百姓が相談の上、守るべき各種内容が成文化されたものです。そして、本百姓全員が連署して遵守を誓うのです。領主や役所に誓うのではなく、本百姓が自分たちの責任で制定し、各々が自らの責任で遵守したのです。つまり、村議定の遵守を誓うという点では、村役人も一般の本百姓も対等な立場にありました。しかし、佐野新田の村議定は、村役人を中心とする本百姓が相談して制定されるものの、村役人だけは連署せず、彼らに対し、本百姓たちが村議定を遵守することを誓わせる形式をとるのです。その一例として、天保二年（一八三一）二月『手休め議定連印帳』を見てみましょう。これは、百姓の年間の休日を取り決めたもので、大半はそれら日程の羅列です。そこで、わかりやすいように、年間の休日を**表2**にまとめました。

表2によると、佐野新田の百姓の休日は、二月〜一〇月までは、月によって日程に違いはあるものの、月に六日であったことがわかります。一月は、三ヶ日に加え、四日から七日までも休日でした。一一月の休日は四日に減り、一二月には休日が設けられていません。

百姓とて休養もとらずに働き続けることはできません。百姓もきちんと休んでいたのです。ただし、百姓の休日は、全国的に共通していませんでした。徳川時代の百姓の休日は村ごとに決められていた

表２　佐野新田における年間の休日

１月	３ヶ日（朝から休むこと） ４日から７日まで（昼から休むこと） 11日・15日・16日・17日・20日・28日
２月	１日・初午・10日・15日・20日・25日
３月	１日・３日・10日・15日・21日・25日
４月	１日・８日・10日・15日・20日・25日
５月	１日・５日・10日・15日・17日・25日
６月	１日・２日・10日・15日・17日・25日
７月	１日・７日・14日・15日・16日・24日
８月	１日・５日・10日・15日・20日・25日
９月	１日・９日・15日・17日・20日・25日
10月	１日・５日・10日・15日・20日・25日
11月	１日・５日・10日・15日

注）７月まで「男女共」と史料中に記されており、８月以降は男女で休日の取り方に違いがあったようです。日数に違いはないので、休養時間などに違いがあったものと思われます。

のです。そして、まさに村議定によって、佐野新田では百姓の休日が決定されました。

さて、表2に示した休日について、議定では次のように記されています。

御改革ニ付き休日相減らし申すべき旨仰せ渡され候ニ付き、是迄の日数相減じ申すべき筈の所、手休みの義は是迄の通り致し置く、尤《もっと》も仰せ渡され候義もこれ有り候故、此のたび一統相談の上、男女共昼八ツ時より相休み申すべき事、

つまり、幕府から休日を減らすよう命じられているが、休日の日数は変更しない、というのです。ただ、幕令を全く無視するわけにもいかず、一同相談の上で、男女共午後二時から休むことを取り決めています。日数を減らさず、休養時間を短縮したわけです。

そのほか、田植・稲刈・麦作仕付けの時節などは休んではいけないことを定めています。

最後に、「右の通り村中相談の上で取り決めたからには勝手なことはしない」と記し、本百姓がこの村議定に連署しています。

この村議定もそうですが、しばしば村議定は幕藩領主の命令をきっかけに制定されました。その場合でも、御触書に対する請書と異なるのは、請書が幕藩領主の命令に対する服従を示すのに対し、村議定は幕藩領主の命令に従う姿勢を示しつつも、村ごとの慣習や状況に応じて、村民が自主的に制定した法であるという点です。つまり、村は自治を行っていたのです。

そして、村の自治の中心となったのが、名主であったことはいうまでもありません。当時の佐野新田の名主は勘蔵と円蔵でした。彼らは村の行政官として、幕府からの命令を村内で実行に移さなければなりませんでした。しかし、村々はそれぞれに個性を持ち、命令の内容によっては、そのまま村内で実行に移せないこともあります。百姓の休日はその典型的な例でした。既述のように、百姓の休日は村ごとに決められており、一律に減らすことなど不可能でした。そこで再び登場するのが村役人です。百姓の休日を決める際、中心的役割を果たしたのが、村の代表者である村役人、特に名主だったからです。

幕府はそのことを織り込み済みで、百姓の休日を減らすよう命令したと考えられます。なぜなら、幕府は百姓の休日を減らせと命令しているだけで、具体的な日数などは指示していないからです。幕府からすれば、村の行政官としての村役人を通じて、村々に対して百姓の休日を減らすよう命じ、あとは村ごとに決められている百姓の休日を、その決定に際して中心的役割を果たした村の代表者としての村役人に任せ、村ごとの慣習や状況に合わせた休日の減少を実現しようとしたのでしょう。佐野新田では、現に名主ら村役人が主導して本百姓一同が相談する場を持ち、村議定を制定しています。

ところで、先に触れたように、村議定が制定されると、村役人も一般の本百姓もそれに連署して遵守を誓うのが一般的なのですが、佐野新田では、右に見た村議定に村役人は連署せず、彼ら以外の本百姓が連署した上で、「御村役人中様」に宛てています。なぜ村役人は、自分たちに対して、自分たち以外の本百姓が村議定を遵守することを誓わせたのでしょうか？　それは、村役人、特に名主が村の代表者として、強い主導性を発揮していたためと考えられます。

本百姓全員が自分たちの責任で村議定を制定し、各々が自らの責任でそれを遵守するといえば聞こえは良いですが、自らを律し続けることは容易いことではありません。いかに自治といえども、ある程度の強制力が伴わなければ、村議定を百姓らが守り続けるのは難しいことです。実際、多くの村では、村議定を制定しても次第に百姓らが守らなくなるため、村議定を制定し直して、その遵守を百姓全員が再び誓うということを繰り返していました。佐野新田では、そうした事態を回避するためにも、村役人に対して村議定の遵守を他の本百姓に誓わせ、村役人が指導的立場から他の本百姓に接し、村議定の遵守を永続的なものにしようとしたのでしょう。

佐野新田では、このような村議定のあり方をさらに進め、名主が独自に法を定めることもありました。例えば、天保八年（一八三七）四月に制定された「定」を見ましょう。これは、当時の名主である賢次郎と円蔵が、凶作続きで百姓困窮につき村仕法を替えるという趣旨の下で制定しています。

前半では次のように記されています。

近年違作打ち続き、自然困窮成り行き、一同当惑罷《まか》り在り、既ニ去る申年(天保七年)の儀は稀成る凶作ニ付き、銘々夫食《ぶじき》等ニ差し支え、夫々《それぞれ》御手当拝借仕り候程の年柄、此の上農業等不精ニては途ても取り続き方相成り難く、退転致し候より外はこれ無く、一同嘆かわ鋪《し》く痛心罷り在り候、

近年凶作続きで百姓一同が当惑し、天保七年（一八三六）には大凶作となったことで、銘々夫食（百姓の食料）に差し支え、幕府から金銭を拝借しなければならないほどだった、というのです。そして、この上農業に精を出さないでは、百姓は経営を維持することができず、退転するよりほかはないといい、一同心痛している状況が述べられています。

こうした状況を踏まえ、諸事につき倹約専一を心掛ける旨が述べられたあと、先の村議定で定めた百姓の休日について改めるべきことが述べられるのです。これまで基本的に月に六日の休日をとってきたが、それを減らす、というのです。

自然農業手遅レ等ニ相成り、不作の基《もとい》と成り行き、弥増《いやま》し困窮相募り、一同難義《なんぎ》至極《しごく》致し候間、已来《いらい》手休みの義は、朔日・十五日と壱ケ月ニ二日ヲ限り、其の余り相休ミ申す間敷《まじ》く候、

つまり、休日が多ければ、農作業に遅れが生じて不作の基となり、ますます百姓は困窮して難義至極となるので、今後は月に一日・一五日の二日の休みに限る、と定められています。なお、「休みは盆・正月・節句の外、朔日・十五日」と追記されているので、盆・正月・節句には、月に三日以上の休みをとれたようです。

以上に見た「定」ですが、既述のように、名主が独自に定めたもので、本百姓全員が相談、つまり合議を経て制定されてはいません。したがって、この「定」は一種の法ではあっても、合議を経ていないため、村議定と捉えることはできません。そして、この「定」の末尾では、「書面の趣違背《いはい》仕り候者御座候ハヾ、後日何様《いかよう》御取り計らい下され候共、聊《いささ》か難渋申す間敷く候」と、名主を除く本百姓が連署した上で、「御名主衆中」に対して遵守が誓われています。「定」に背いた者がいれば、どのような取り計らいを受けても異議申し立てはしない、と誓っているのですから、「定」は名主からの命令で、先に見た村議定にも増して強制力を伴う法形式であったことがわかります。

天保二年（一八三一）の村議定では、幕令をある程度踏まえつつも、かなり柔軟に佐野新田の慣習や状況に合わせた内容とし、休日の日数そのものは変更されませんでした。しかしその後、天保四年（一八三三）から同七年（一八三六）にかけて天保の飢饉が発生し、「定」はそうした状況に対処すべく制定されたのです。天保七年の大凶作を前に困窮し、一層農業出精しないでは百姓経営を維持することができない、と百姓一同が心痛している状況を踏まえ、名主は思い切って休日の日数を減らす決断をしたのでした。

序章で述べたように、名主を中心とした村の自治に依拠することで、幕藩領主は村の支配を円滑に行い得たのですが、本項の内容はその一つの典型を示しています。天保二年に幕府は百姓の休日を減らすよう命じましたが、具体的な日数などを示さず、あとは名主ら村役人を中心とした村の自治に任せました。幕府は百姓を、より農耕に専念させ、百姓経営の維持を確たるものとするために命を下したのでしょう。その結果として、安定した財源を確保しようとしていたことはいうまでもありません。しかし、その後、天保の飢饉が発生し、百姓経営の維持が困難となる事態に陥ったのです。村中を静謐《せいひつ》に保つべき村役人、特に名主がそうした事態を放置できるはずがありません。名主は強い主導性を発揮して、幕令を待つまでもなく百姓の休日を減らし、百姓経営が維持できるように図ったのです。このこともまた、自治の枠内での出来事でした。

百姓経営の維持は、百姓自身にとって重要であることはいうまでもありませんが、幕藩領主にとっても重要な課題でした。百姓経営の維持なくして安定した財源を確保することはできないのであり、政治の最重要課題だったのです。幕藩領主は、百姓経営の維持を自らの責務としたほどでしたが、佐野新田では、名主ら村役人が主導する自治に支えられ、幕府の目論む百姓経営の維持が実現していたのです。

最後に、佐野新田の名主ら村役人が二つの村法、とりわけ「定」において強い主導性を発揮し得た要因はどこにあったのでしょうか？　この点について、佐野家の存在が大きかったと考えてよいでしょう。当時の名主は二人体制でしたが、先に触れたように、円蔵は勘蔵・賢次郎のサポート役的立場で、勘蔵・賢次郎が主たる名主だったといえます。佐野家は佐野新田の開発者で、少し前まで武士でもあったため、佐野新田内では領主的存在でした。そのことが勘蔵・賢次郎の指導的な地位を高め、名主を中心とした村役人の主導権を強めたと考えられます。

回被災者の調査と救済

徳川時代には様々な災害が発生しました。そして、佐野新田も幾度となく災害に見舞われました。ここでは安政江戸地震を例にとり、当時の佐野家名主がどのように災害後に行動し、復興に寄与したのかを見ましょう。

まず、安政江戸地震について簡単に説明しておきます。安政期（一八五四〜一八六〇）には、列島内で大きな地震が何度も発生しましたが、そのうちの一つが安政江戸地震です。安政二年（一八五五）一〇月二日に起きた、江戸湾北部を震源とした直下型地震で、マグニチュード七・〇〜七・一と推定される大地震でした。被害は特に下町で目立ちました。倒壊家屋は一万四三四六軒、死者は約一万人と推定されています。佐野新田もまさに下町に属していました。

地震発生後、直ちに幕藩領主による復興事業が始まります。佐野新田もその対象でしたが、賢次郎は一村を預かる名主として、幕府の救済を待つだけでなく、積極的に幕府に働きかけることで、急務である被災者の救済をより迅速に行おうとしました。

具体的には、賢次郎は貯穀《ちょこく》の拝借を願い、幕府から認められています。貯穀とは、寛政改革期に老中の松平《まつだいら》定信《さだのぶ》が実施した囲穀《かこいこく》（穀物を備蓄すること）政策の一つです。これは天明の大飢饉の被害を丹念に見据えて実施され、本百姓体制の再建を意図した政策でした。再び凶作・飢饉に見舞われた時に備えて米穀や金を貯え、餓死者などの犠牲や、打ちこわしの発生を未然に防ごうとしたのです。貯穀は主に幕領で実施されました。賢次郎は幕府に働きかけ、その貯穀を地震で被災した村民の救済に充てたのです。本来、凶作・飢饉に備えて実施された貯穀でしたが、種類は異なるものの、地震も凶作・飢饉と同じく災害であることには違いありません。その意味では、賢次郎の拝借願いは理にかなっているといえ、幕府もその願いを聞き届けたのでしょう。

賢次郎の拝借願いは地震発生後、早くも一〇月一一日に認められています。当時の交通手段・通信手段や、江戸府内も被災した状況を思えば、彼の初動の早さがあってのことといえます。では実際、どれくらいの貯穀の拝借が認められたのでしょうか？

一一月になって、賢次郎が代官の斎藤嘉兵衛宛てに、個々の被災者へ割り渡した貯穀をまとめた帳面が現存しています。それによると、佐野新田では、拝借が許可された時点で次の四種の貯穀があったことがわかります。

一、御加え籾九斗壱升八合八勺
一、貯金弐分　永弐百弐拾五文
一、貯籾拾弐石六斗壱升弐合

一、同稗拾九石七斗五升
　　先年より囲溜穀
一、同稗九石
　　是ハ巳より寅迄拾ケ年賦の内、九ケ年分出穀
　合わせて稗弐拾八石七斗五升

　つまり佐野新田では、籾《もみ》・金・銭・稗《ひえ》が貯穀として貯えられていたのです。これらは村民の所持石高に応じて貯えられたので、貯穀の多くは上層百姓の負担で行われる仕組みになっていました。第一章で述べたように、名主は優位な百姓経営を営む存在でしたから、貯穀の大半は佐野家によるものと考えてよいでしょう。後述するように、実際、佐野家は佐野新田の約三分の一の石高を所持していました。

　これら穀物などは、幕府の囲穀政策の一環として年々貯えられたものですから、穀物などは村民が貯えてはいましたが、困窮者に放出する際は、幕府からの許可が必要でした。したがって、賢次郎は幕府へ拝借を願う必要があったのです。幕府の政策があって初めて存在した貯穀ですが、彼にしてみれば、自分が中心となって貯えてきた穀物などであり、多くの被災者を目の当たりにして、すぐにでも穀物などを放出したかったことでしょう。しかし、彼は村の代表者としてあるだけでなく、村の行政官として幕府の施策に従う必要がありました。今回の幕府への拝借願いは、賢次郎の中で、名主の

二面性がうまく共存していた結果、早い初動を導き出すことになったのだと思います。

話を元に戻すと、佐野新田では、貯穀のうち、稗の全てが放出されていることがわかります。四つ目の稗一九石七斗五升と、五つ目の稗九石、合計稗二八石七斗五升が被災者救済のために放出することを認められたのでした。この稗の恩恵を受けた村民は、もちろん被災者に限られました。

当時の佐野新田には家屋が二七軒あり、人口は一七五人（男七九人、女九六人）でしたが、これらのうち村役人など富裕者の家屋三軒、人口四〇人（男一七人、女二三人）は対象外となり、残る二四軒、人口一三五人が稗の恩恵を受けたのです。ただし、男女によって与えられる稗の量は異なりました。男五三人の場合は、一人につき一日稗八合を三〇日分支給されています。男の中でも六〇才以上、一五才以下の者九人は女並みとされ、女七三人と共に、一人につき一日稗四合を三〇日分支給されています。

賢次郎がまとめた帳面には、さらに、村民にどれだけの稗を与えたかが家別に記されていますが、右に示した通りの基準できちんと配布されています。

帳面は、幕府から拝借した貯穀を、村内でどのように配布したのかを知らせる報告書ですが、ここからは、ほとんどの村民が被災し、救済が必要な状態であったことがわかります。

なお、今回三〇日分の貯穀の放出が幕府によって認められましたが、幕府もそれだけで災害復興が成ると考えていたわけではありません。大地震であれば、当然家屋にも被害が出ます。そこで、幕府は一〇月中旬以降、幕領村々の名主たちに家屋の被害状況の調査を命じています。

佐野新田でも調査が行われ、安政三年（一八五六）八月、当時の名主見習市仁は代官の斎藤嘉兵衛宛てに家屋の被害状況を帳面にまとめて報告しています。それによれば、全壊九軒、半壊六軒、また怪我人一人が出たことが知られます。こうした調査の結果を受け、幕府はさらに貯穀を放出したり、「潰れ家御手当」として金子を下賜《かし》したりして、復興事業を進めていったのです。

村民が被災した場合、幕藩領主が救済の任を負っていましたが、これまで見てきたように、名主の働きなくして復興事業の推進は困難でした。兵農分離の世にあっては、大災害による被災状況などは、都市部に住む武士には的確に知ることができなかったからです。村役人に頼ることで、災害復興もまた実現していたのです。

回千住宿助郷役につき奔走する

佐野家歴代の名主は全国の名主に共通する仕事をこなしつつ（村法の制定には独自性が見られましたが、これも全国の名主に共通する仕事の一つです）、安政江戸地震の災害復興に関わるなど、その地方のあり方に規定された仕事もこなしていました。ここでもう一例、その地方のあり方に規定された仕事についで見てみたいと思います。

足立郡・豊島《としま》郡内には江戸四宿《ししゅく》の一つ、千住宿《せんじゅ》がありました（**図1**）。千住宿は五街道のうち、日光街道・奥州街道の初宿を兼ねており、徳川時代を通じて交通の要衝として発展し続けました。

千住宿は古くから荒川北岸の交通の要地で、文禄三年（一五九四）に千住大橋が架けられ、寛永二年（一六二五）に宿駅《しゅくえき》に指定されました。しかし、日光社参《しゃさん》や参勤交代などで将軍・大名・旗本らの往来が頻繁になると、宿駅常備の人馬だけでは徴発に応じきれなくなり、元禄七年（一六九四）から助郷《すけごう》制度が定められたのです。助郷とは、宿駅常備の人馬が不足する場合、補助的に人馬を提供することを定められた宿駅近傍の村のことをいいます。さらに、交通量の増大に対応すべく、本来の助郷（定助郷《じょうすけごう》）のほかに、宿駅から数里も離れた助郷（加助郷《かすけごう》）が追加されました。元禄八年（一六九五）段階では、千住宿の定助郷は八四カ村、加助郷は四九カ村で、定助郷八四カ村の中に佐野新田も含まれていました（千住宿の助郷制度の開始時期については異説もありますが、ここでは『新修足立区史』上巻に拠っています）。

助郷から徴発される人馬数は、その石高によって決まります。当初、徴発される人馬は一〇〇石につき人足二人・馬二匹でしたが、次第に増えて二倍、三倍、そして徳川時代後期には一〇倍以上に跳ね上がっています。例えば、文化一二年（一八一五）一月には日光東照宮で家康二〇〇年回忌法会が催され、日光東照宮に向かう将軍・大名・旗本らの通行を支えるため、千住宿の助郷から人馬が徴発されました。佐野新田からは人足三〇人・馬五匹が徴発されています。当時の佐野新田の石高は二三三石六斗五升七合でしたが、そのうち人馬の賦課対象となったのは一六三石です。このように、人馬は全村高に賦課されたのではありませんが、当初の賦課基準と比較して、一〇倍以上に跳ね上がっていることが確認できます。ちなみに、この時、助郷八二カ村から人足二八四五人・馬四六五匹が徴発されています。これら人馬には一定の賃銭が支払われましたが、近村の者でも一日の務めに前夜から

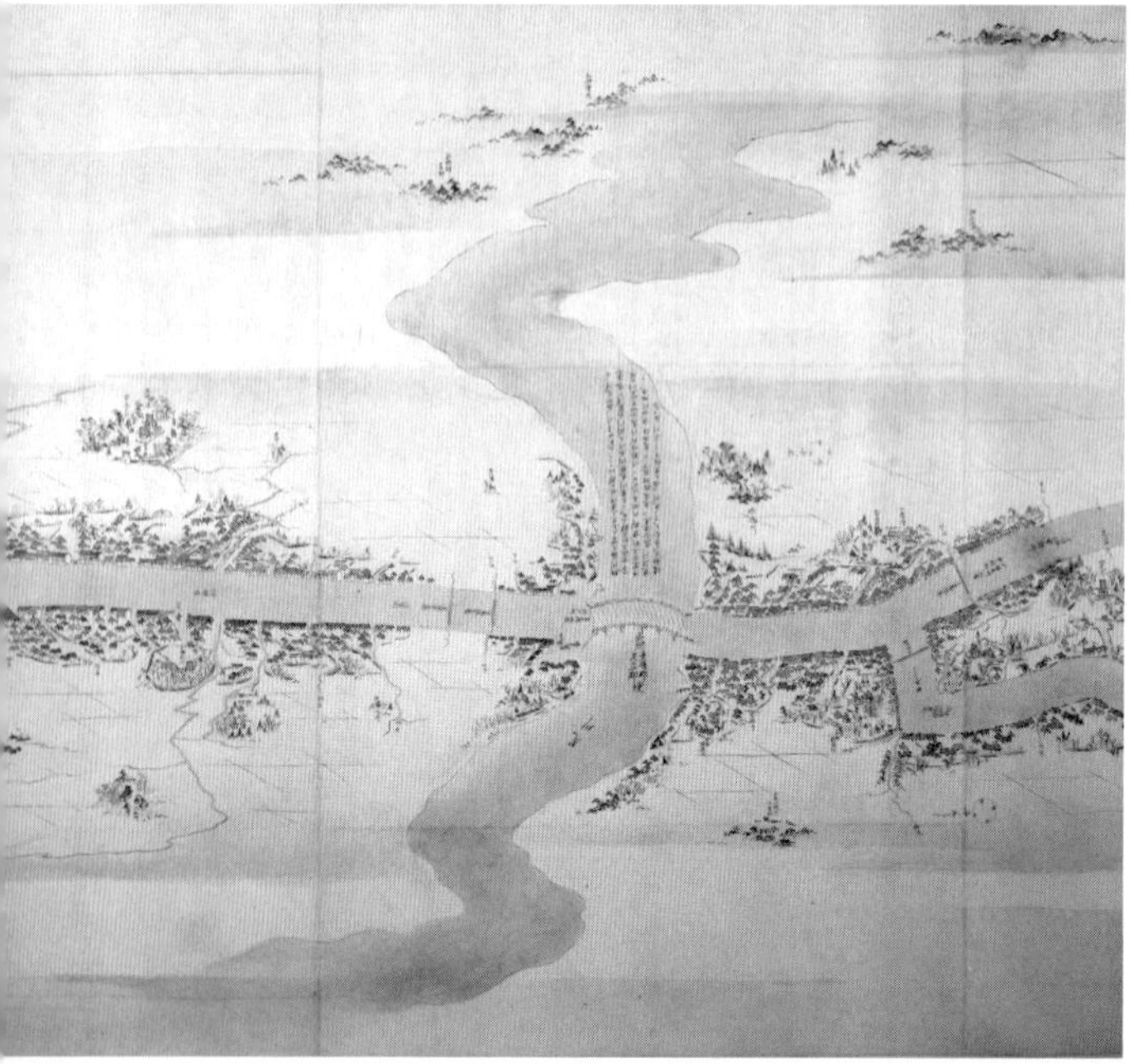

千住宿に詰めかけ、夜分遅くに帰村するありさまで、さらに、人馬は四～五月の農繁期に賦課されることが多く、村々にとっては大きな負担でした（『新修足立区史』上巻）。

　こうした助郷役は、千住宿の問《とい》屋場《やば》（宿駅において人馬の継ぎ立て、助郷役などに関する事務を執る役所）から各村の名主へ通知されました。その後、助郷役については、名主が責任を負うことになります。この点を具体的に見ていきましょう。

　元治二年（一八六五）四月、今度は日光東照宮において家康二五〇年回忌法会が催されることになりました。この時、千住宿の助郷

図１　千住宿

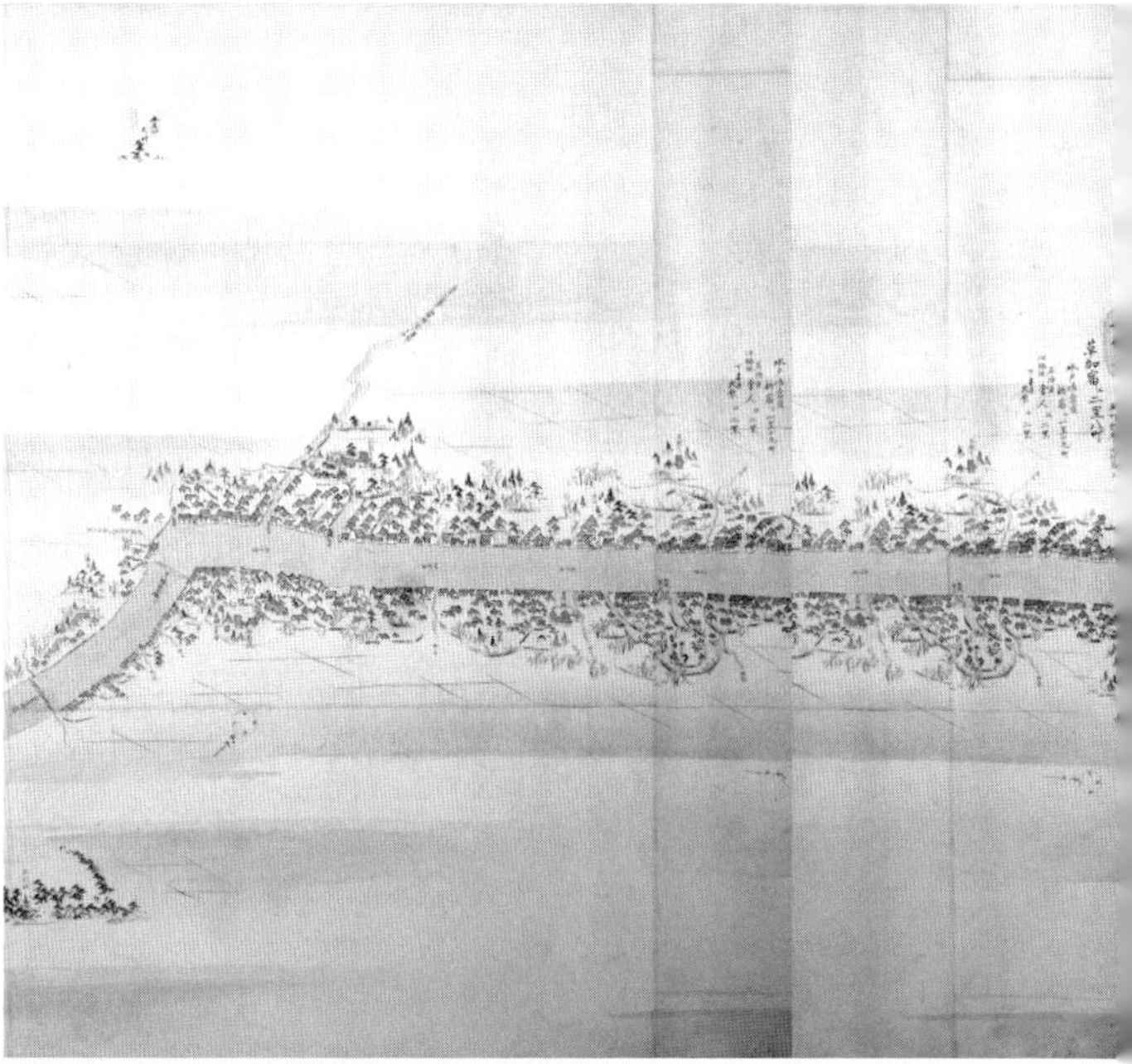

文化３年（1806）「日光道中分間延べ絵図」（東京国立博物館所蔵）

から徴発された人馬は、人足二九五〇人、馬五五〇匹でした。文化一二年時と比べて人馬共に少し増えていますが、ほぼ同規模の徴発です。このうち佐野新田からは人足三〇人、馬五匹が徴発されており、文化一二年時と同数でした。

徴発の命令は三月に、いくつかの行政区画ごとに下されています。佐野新田は一八カ村から成る渕江《ふちえ》領（足立区）という行政区画に属していました。この渕江領がそのまま助郷の一つの区画（助郷組合）ともなっていたのです。当時、渕江領には二人の助郷惣代（代表者）が置かれ、その一人が佐野新田の名主賢次郎でした。そして、彼らは渕江領を管轄していた代官木村董平《きむらとうへい》から、差し支えなく人馬の継ぎ立て方を取り計らうことなどを、御触書を以て命じられています。請書を提出した助郷惣代たちは、次に、渕江領村々が差し支えなく助郷役を務められるよう、渕江領村々と相談の上、人馬の継ぎ立て方について議定を制定しています。

一、宿方より触当て人馬、高割りヲ以て相勤むべき筈は勿論、大触の節、人馬引き足り申さず候節は、譬《たと》え無高たり共御国恩を相弁《わきま》え、聊《いささ》か怠転なく相勤め申すべく候、尤《もっと》も領中並び合いの足し銭は高割ニて出金、勤め人え受け取るべき事、

一、往還の諸侯様方へ失礼仕らざる様銘々心懸ケ相勤むべく候、万一失礼の筋もこれ無く、ご無体の難題申し掛けられ難渋仕り候節は、其の時宜ニより一村ニて取り計らい、壱人ニ迷惑相掛ケ申す間鋪《まじく》候、且つ勤め方着到ニ付き、無勤ニて逃げ去り候儀は決して仕る間敷く候、これに依って、一同勤め方議定連印致し置き申し候処、件の如し、

元治二丑年
三月十六日

新　蔵㊞
文五郎㊞
栄次郎
（ほか二五名略）

議定は二カ条のみで、意味は次の通りです。一条では、人馬は持ち高に応じて決められた通りに務め、人馬が足りない時は、たとえ無高（水呑百姓《みずのみ》）であっても国恩を弁えて務めること。続く文章は判然としないところがありますが、人馬が足りない時にそれらを務めた者には、渕江領中から出金し、その者へ賃銭として与えることにしていたようです。そして二条では、街道の諸大名へ失礼のないよう心掛けて助郷役を務めること。万一、失礼を働いたわけではないのに、無体な難題を申し掛けられた時は、村単位で取り計らい、一人に迷惑を掛けない。また、無勤で逃げ去るようなことは決してしてはいけない。

助郷惣代は、三月二日に、議定を渕江領村々の名主へ廻達《かいたつ》し、文面を写し取るよう申し渡しています。右に示した議定は佐野新田で写し取られたもので（賢次郎自らが写し取ったのでしょう）、傍線部以降は佐野新田で追記されています。一同議定の内容を承知した上で連署し、名主の賢次郎に提出しているのです。

ここで注目したいのは、今回の議定は渕江領を範囲に制定されてはいるものの、渕江領全体を対象に制定されたのではなく、渕江領を構成する一村一村を対象に制定されたものであることです。内容面でも、例えば二条で、諸大名から難題を申し掛けられた時は、村単位で取り計らうように決められているのは象徴的ですし、何よりも議定を一村単位で写し取らせ、その遵守を一村単位で名主に誓わせていることが、そのことをよく示しています。

千住宿の助郷は広範囲かつ多数に及ぶため、事務手続きを効率よく行うために、問屋場と助郷の間に助郷惣代が置かれたものと思われますが、あくまで助郷役については、一村単位で、名主を中心に務めることになっていたのです。

では、その後、佐野新田ではどのように助郷役を務めたのでしょうか？　先にも触れたように、佐野新田には人足三〇人・馬五匹が賦課されており、名主賢次郎が責任を持って村内から徴発していま す。ただし、今回のように大通行の場合には、助郷役は人馬だけでは済みませんでした。

三月一七日に、賢次郎は、「日光御法会ニ付き多人馬御継ぎ立てニ付き、人馬小屋取り立て入用並びに人馬足し銭、其の外諸入用前割の分割り出し申し候」と記しています。膨大な人馬を収容する人馬小屋の建設費、不足する人馬を用意するための費用、そのほかの諸費用を前もって賦課されており、それを支払う、というのです。これらの費用は千住宿での使用を目的としたものでした。賦課対象となった佐野新田内の石高は、やはり一六三石で、一〇〇石につき銭三〇貫文の割合で四八貫九〇〇文（約四五万円）が前もって賦課されていたのです。**表3**は、佐野新田の村民が負担した額を示していま す。村民によって負担額に違いがあるのは、村民の所持石高に対して銭が賦課されたからです。例えば中ほどに位置する伊右衛門であれば、所持石高が六石だったから一八〇文を賦課されているのです。

なお、表3には賢次郎の名前が見当たりません。おそらく、彼が名主として村民の負担額を決定していたことと関係があるのでしょう。佐野家の負担額はいくらか？　上から四番目の孝次郎は賢次郎の孫で、当時名主見習でした。したがって、佐野家の負担額は村内最高額の二一貫二七一文（約一九・六万円）となります。ここからは、当時の佐野家の持ち高が約七一石であったことが判明します。

佐野家は自ら新田を開発したということもありますが、佐野新田の石高二二三三石六斗五升七合のうち、約三分の一を所有する大地主でした。なお、約七一石というのは、あくまで佐野新田内での持ち高です。史料的制約によって明確に示せませんが、佐野家は慶応四年（一八六八、九月七日に明治に改元）には一一三石余を所持していたことがほかの史料から判明するため、当時から他村の田畑も広く所持していたと考えてよいでしょう（**図2**）。

話を元に戻すと、賢次郎は佐野新田の名主として、人馬の徴発はもちろん、人馬小屋の建設費など、村民への賦課や供出にも責任を持って取り組んでいました。なお、人馬小屋の建設費などは、その後も数度賦課されています。四月三日には、同じ名目で、やはり銭四八貫九〇〇文が賦課されました。これも三月一七日分と同様、前もって賦課されていたのです。しかし、それ以降は追加で出金が求められています。四月四日には、人馬小屋の建設費、不足する人馬を用意するための費用の名目で、銭

表3　佐野新田での諸費用の村民別負担額

名前	銭
新　蔵	57文
豊次郎	7貫730文
文五郎	414文
孝次郎	21貫271文
勇次郎	976文
丑　松	34文
友五郎	27文
熊次郎	27文
浅五郎	160文
忠次郎	432文
長　吉	185文
伊三郎	388文
伊右衛門	180文
助次郎	1文
吉兵衛	62文
忠右衛門	5貫580文
佐　七	844文
亀　蔵	4貫792文
喜　七	3貫651文
孫　蔵	336文
初五郎	310文
隼太郎	911文
与　吉	425文
左兵衛	79文
合計	48貫900文

元治2年3月16日「日光御法会人馬勤め方差し出シ写」より作成。

図2　佐野家屋敷周辺

昭和33年（1958）撮影。

四八貫九〇〇文が賦課されました。一四日にも人馬賄い費の名目で、銭四八貫九〇〇文が賦課されています。これまでの賦課額を合計すると、一九五貫六〇〇文（約一八〇万円）となります。

以上のように、名主が助郷役の賦課について責任を持って務めるというのは、まさにその地方のあり方に規定された仕事でした。村の近くに宿駅がなければ、助郷に指定されることもなかったからです。佐野新田に至っては、千住宿までの距離が約一里半（約六㎞）で、助郷に指定されることは避けられませんでした。名主は村の行政官として、村内で領主支配を実現に導く役割を果たしていましたが、佐野新田の領主は幕府でした。既述のように、幕府は徳川時代最大の領主であると共に、中央政府でもありました。本項で見てきた助郷役は、中央政府としての幕府による国家的な課役です。つまり、佐野家歴代の名主は、村の行政官としては、領主としての幕府の支配を村内で実現すべく尽力し、臨時とはいえ、千住宿の助郷として、中央政府としての幕府の課す助郷役についても、村内で徴発の責任を負っていたのです。このことは、とりもなおさず名主佐野家の職務上の負担増を意味しますが、このような名主の働きがあってこそ、宿駅制度は機能することができたのです。

ところで、先にも触れたように、助郷から徴発された人馬には一定の賃銭が支払われていました。特に、今回のような大通行に際しては、割り増し賃銭が支払われました。前掲の代官木村董平からの御触書には、「文化度の通り元賃銭五倍の上、当年諸色高直《こうじき》ニ付き、此のたびニ限り弁当代として弐倍五分、都合七倍五分御手当下され候」とあります。つまり、文化一二年の家康二〇〇年回忌法会の際の大通行と同様、元賃銭の五倍、しかも元治二年は物価高騰につき、弁当代の名目で二・五倍、合計七・五倍の賃銭が支払われたのです。

佐野新田の場合を示せば、**表4**の通りです。決して幕府は無償で人馬を課したのではなく、通行の規模に応じた賃銭を村民に支払っています。ここでも村民によって賃銭に違いがありますが、それは彼らの供出する人馬数が彼らの所持石高によって異なり、その人馬数に応じて賃銭が支払われたからです。なお、詳細は明らかではありませんが、三月一六日には、元賃銭の三・五倍の賃銭として、佐野新田の村民に銭九貫一八七文も支払われています。もちろん、これら賃銭の各村民への割賦と支払いは、賢次郎を通じて行われたのです。

表4　佐野新田での賃銭の村民別支払い額

名前	銭
賢次郎	44貫814文
豊次郎	16貫206文
新　蔵	122文
丑　松	71文
友五郎	57文
熊治（次）郎	57文
浅五郎	338文
左兵衛	170文
伊三郎	822文
長　吉	390文
助治（次）郎	3文
吉兵衛	132文
忠右衛門	11貫706文
佐　七	1貫771文
亀　蔵	10貫54文
喜　七	7貫659文
孫　蔵	706文
初五郎	648文
伊右衛門	380文
忠治（次）郎	909文
文五郎	866文
勇治（次）郎	2貫49文
隼太郎	1貫911文
与　吉	890文
合計	102貫770文

元治2年3月16日「日光御法会人馬勤め方差し出シ写」より作成。

さて、前項で見たように、賢次郎は佐野新田の名主であると共に、広域的な行政区画の一つである渕江領の助郷惣代も務める存在でした。助郷惣代は助郷役が課された際の臨時の役でしたが、実は、佐野家歴代の名主は幕府の改革政治に伴って、恒常的に一村を越える広範な地域を管轄する役にも就いていたのです。

回改革組合村四二カ村の大惣代に就任

文政一〇年（一八二七）、関東農村を対象とした文政改革が実施されました。改革政治といえば、享保・寛政・天保の三大改革が有名ですが、そのほかにも必要に応じて幕政改革は実施されていたのです。文政改革とは、具体的には、関東に「改革組合村《かいかくくみあいむら》」という国家的な広域行政区画を設置し、これを単位に国家的支配の強化を図ったものです。

改革組合村は一部の例外を除いて、幕領・私領（大名・旗本の領地）・寺社領の別なく関東一円（相模・武蔵・安房・上総・下総・常陸・上野・下野の八カ国〈関八州〉）に編成された村連合体で、四〇〜五〇カ村を以て大組合村とされ、その中で交通の要衝にある村高の大きな村が、寄場《よせば》と呼ばれる大組合村の核に位置づけられました。また、その内部は、数カ村単位で小組合村に分けられていました。大組合村には大惣代、小組合村には小惣代と呼ばれる村役人が置かれ、寄場には寄場役人という組合村全体の惣代（大惣代の一人として扱われました）が設置されました。この改革組合村は、文化二年（一八〇五）に設置された「関東取締出役《かんとうとりしまりしゅつやく》」という幕領・私領・寺社領の別なくその権能を行使した幕府役人に対応する形で設置された行政機構でした。

従来、関東取締出役と改革組合村設置の政策的意図は治安維持にあるとされてきましたが、近年は研究が進み、その政策的意図はそもそも治安維持ではなく、身分制的な風俗統制にあることなどが指摘されるようになっています。実際、文政一〇年九月、関東取締出役は関東全体で組合村単位に四〇カ条に及ぶ御触書を発していますが、その内容は、①無宿・悪党・浪人・勧化《かんげ》の者などの取り締まり、②強訴《ごうそ》・徒党の告訴、③博奕《ばくえき》・歌舞伎・手踊り・操り芝居・相撲の禁止、⑤神事・祭礼・冠婚葬祭の簡略化、⑥百姓の新規商人化の禁止、⑦職人の手間賃規制、⑧村入用《むらにゅうよう》の節約などでした。関東取締出役と改革組合村が治安維持機能を果たしていたことは事実です。しかし、それに限らない幅広い機能を有し、本百姓体制が変容・解体していく中で、幕府権力存立の基盤をなす関東農村の再掌握と再建を意図していたといってよいでしょう。

実際、佐野家文書中の関係史料を読んでみても、関東取締出役と改革組合村の機能は多岐にわたり、ほとんど農政一般に及んでいます。では、佐野家の当主はどのように改革に関わっていたのか、以下では紙幅の許す限り見ていくことにしましょう。

文政改革の眼目は、すでに存在する関東取締出役に対応する形で改革組合村を編成することによって、関東取締出役の活動に、村方を全面的に協力させることでした。足立郡でも幕領・私領・寺社領の区別なく組合村が編成され、佐野新田を含む大組合村は四二カ村から構成されました。

この大組合村の場合、幕領の竹ノ塚村《たけのづかむら》が寄場村《よせばむら》に指定され、当初は同村の名主河内勇蔵が寄場役人に任命されました。また、同じく幕領の伊興村《いこう》の名主林蔵、伊藤谷村《いとうや》の名主吉田四郎平が大惣代に任命されており、寄場役人が中心となって、彼ら三人が四二カ村を管轄していたのです。

参考までに、四二カ村の構成を**表5**に示しました。この大組合村は栗原組合村と称され、内部は一三もの小組合村に分かれていたことがわかります。それぞれに小惣代が置かれていましたが、寄場役人・大惣代と同様、名主の中から任命されています。当然といえば当然で、村の行政官としての経験もない者が、小組合村はもちろん、大組合村の行政を担うことは不可能だったでしょう。したがって、惣代たちは、名主であることが就任する上での必要条件だったようです。そのほかの条件としては、他村の名主より優れているとか、その名主の居村自体が周辺村々の中で中心的役割を果たしていたことなどがあり、惣代に任命されたものと思われます。河内勇蔵の場合は一つの典型を示しています。

しかし、惣代は世襲の役ではありませんでした。遅くとも天保九年（一八三八）には、佐野家名主

表5　栗原組合村

	村　名	石　高	領主
小組合	小　台	119.15	幕府
	宮　城	206.87	幕府
	本　木	1486.8	幕府
小組合	高　野（谷在家）	148.304（152.65）	寛永寺
	上沼田	542.3	寛永寺
	下沼田	226.84	寛永寺
小組合	堀之内	372.07	寛永寺
	廉浜新田	19.525	幕府
	廉　浜	1085.92	寛永寺
小組合	竹ノ塚	648.577	幕府
	六　月	265.963	幕府
	島　根	512.2	幕府
	栗原村	471.811	幕府
小組合	梅　田	371.52	幕府
	奥　野	551.87	幕府
	西新井	583.08	幕府
小組合	伊　興	954.24	幕府
	（皿　沼）	（168.75）	寛永寺
小組合	入　谷	785.56	幕府
	古千ケ谷	464.8	幕府
小組合	三河島	940.44	寛永寺
	町　谷	320.18	寛永寺
	谷中本	267.063	寛永寺
小組合	小右衛門新田	113.65	幕府
	保木間	1371.9	幕府
小組合	花　又	1328	幕府
	内匠新田	39.321	幕府
	弥五郎新田	267.7	幕府
	次郎左衛門新田	44.38	幕府
小組合	伊藤谷	154.74	幕府
	普賢寺	301.5	幕府
	嘉兵衛新田	125.41	幕府
	久左衛門新田	240.69	幕府
	五兵衛新田	150.927	幕府
小組合	大谷田	898.36	幕府
	六ツ木	339.72	幕府
	長右衛門新田	227.654	幕府
	佐野新田	233.6	幕府
小組合	北三谷	341.88	幕府
	長左衛門新田	304.56	幕府
	久右衛門新田	39.357	幕府
	辰沼新田	77.85	幕府
	蒲　原	202.576	幕府

大石慎三郎「武蔵国組合村構成について」（『学習院大学経済論集』第４巻第１号）より作成。

の賢次郎が大惣代を務めていることが確認できます。当該期の史料によると、寄場役人は竹ノ塚村の名主河内勇蔵、大惣代は伊興村の名主林蔵と佐野新田の名主賢次郎で、伊藤谷村の名主吉田四郎平が賢次郎へ大惣代をバトンタッチした形になります。以後、長らく賢次郎は大惣代の地位にあり、名主としてのみならず、四二カ村を範囲に国家的な広域行政をも担うようになるのです。

　賢次郎が大惣代に抜擢された理由は、やはり佐野家が少し前まで武士だったことが関係していると考えられます。佐野家代々の当主は関東で大勢力を誇った伊奈家に仕え、実際、関東を範囲に広域行政に携わっていたのです。その後、代々の当主は佐野新田の名主に就任しますが、助郷役や普請など、臨時とはいえ、渕江領を範囲に広域行政に関わるようになります。佐野家の武士時代のノウハウを活かそうとする幕府の意図が働いていたと考えることに無理はないでしょう。そして、賢次郎の代に至っては、幕領を範囲とした広域行政のノウハウを、さらに幕領・私領・寺社領にかかわらず設定された四二カ村を範囲に活かされることを、中央政府としての幕府は期待したと考えられます。こうして佐野家は、領主としての幕府のみならず、中央政府としての幕府の国家的支配をも下支えすることになったのでした。

回改革組合村の余業調査の実施

前項で見た四〇カ条からなる御触書からわかるように、大小組合村の大小惣代たちは関東取締出役の下で、多岐にわたる仕事をこなさなければなりませんでした。以下では、大惣代の賢次郎の仕事のうち、主要なものをいくつか取り上げることにします。

既述のように、幕府が文政改革で意図していたことは、本百姓体制が変容・解体していく中での、幕府権力存立の基盤たる関東農村の再掌握と再建でした。すなわち、徳川時代後期においては、商品・貨幣経済の進展によって、農村内にも華美な風俗が浸透していきました。しかし、それらの進展、および凶作・災害の頻発によって貧富の差が拡大し、一部の上層百姓である地主・豪農層が成長する一方、その対極に、困窮し没落しかけている多数の百姓が存在して、脱農化現象も広く見られたのです。広範な脱農化現象は農業労働力の減少を意味し、無宿の発生などの要因ともなりました。つまり、関東農村の再掌握と再建を果たすためには、本百姓体制の変容を把握し、その解体を防ぐことが根本的な課題だったのです。

文政改革当初から、幕府側も当然そのことを認識していました。文政一〇年（一八二七）九月、関東取締出役が四〇カ条の御触書とは別に発した申し渡しには、次のようにあります。

一、近来、小前《こまえ》末々のもの共、心得違いニて農を怠り、商を専らニいたし、田畑作り余り、高持百姓難儀及び候由ニ付き、農家ニて商売致し候はば、自然其の所奢りニ長じ候基ひ、宜しからざる事ニ付き、新規ニ商ひ相初め候は勿論、追々相止め候様心懸くべく候事、

近年、小前（一般百姓）たちが農業を怠って商売を専らにし、その結果、耕作を放棄された田畑ができ、高持百姓が難儀している。百姓が商売をすれば、自ずとその村が奢侈《しゃし》に長じる基ともなり、宜しからざる事であるので、新規に商売を始めることはもちろん、商売を止めるようにすること、と命じているのです。

四〇カ条の御触書でも、同様の趣旨から多くの命令がなされています。例えば、百姓らが商売をし、奢侈に長じた結果、前項でまとめた③⑤⑧の内容が御触書に盛り込まれ、⑥のように百姓の商人化が禁止されたのです。

右の史料引用で、小前が商売を重視することで高持百姓が難儀すると述べられていますが、高持百

姓とは田畑を所持する一般百姓のことですので、基本的に小前と同様の存在と考えてよいでしょう。小前たちが商売を重視した結果、彼らの所持する田畑の耕作が放棄されると、それら田畑を、年貢確保のため、ここでいう高持百姓一同が代わりに耕作して年貢収納の責めを負いました。このことを「惣作《そうさく》」といい、その対象となった田畑を「惣作地」といいます。あまりに耕作を放棄する者が増え、惣作地が増えると、高持百姓らにも対応できなくなります。いずれにせよ、農村に対する抑商は必須の位置を占めていたのです。

　ところで、改革組合村の設置に伴って任命された大小惣代は地主・豪農でした。名主は徳川時代初期から優位な百姓経営を営む存在でしたが、徳川時代後期になると、地主・豪農へと成長を遂げます。そして、彼ら名主から大小惣代が選ばれたのです。そのことからも、大小惣代が地主・豪農層であったことが承知されるでしょう。

　地主・豪農層は、本百姓体制に基礎を置く、徳川社会における基本的な生産関係を掘り崩していく階層でした。なぜなら、序章でも述べたように、地主は、困窮した百姓に資金を利貸して質に取った田畑を集積し、その田畑を小作人《こさくにん》に貸して小作料を取り立てる存在で、豪農は地主経営の上に、各地域の商品作物生産や流通・金融の中心として成長した上層百姓だったからです。その意味では、彼らは幕藩領主と敵対的な関係にありました。しかし、幕府は彼らと手を組む柔軟性を発揮したのです。また、地主・豪農層の立場からすれば、進行する脱農化現象は、彼らが小作人を雇えなくなることをも意味し、地主経営を破綻させかねない一大事でした。ここには幕府と地主・豪農層の利害の一致が見られたのです。

　幕府にとって、地主・豪農層はいわば諸刃の剣でしたが、彼らは居村を越えて経営を展開することが通例で、彼らの地域での統括力は魅力的なものでした。そして、何より両者の間に利害の一致が見られたことは重要でした。脱農化を押し止める上で、幕府は地主・豪農層の協力を得ることができたのです。

　では、改革組合村では、どのような施策が実施されたのでしょうか？　文政改革が開始された文政一〇年に、すでに改革組合村内で抑商政策が展開しています。これは、先の申し渡しの内容からも、必然化されたことだったでしょう。しかし、経済的発展を人為的に抑制することは容易ではありません。そこで、抑商政策は一過性のものではなく、何度も繰り返されることになります。例えば天保九年（一八三八）、四二カ村を対象に、一カ村ずつ商売の展開に関する村況調査、つまり余業調査が実施されました。余業とは、本業以外の仕事を意味し、当時、百姓が行う商売事をしばしば余業といったのです。

　表6は、余業調査の内容をまとめたものです。関東取締出役の指揮下で実施された調査ですが、一村単位で名主が調査を実施し、その結果を小組合村ごとに小惣代がまとめ、そして、小惣代たちが小組合村ごとの結果を大惣代に知らせたのです。余業調査は、職人を除く、商売を行っている百姓を調査することを目的とし、また、質屋渡世は金融業として別に調査されました。表6では、それらを集約しています。今回の調査では、一村ごとに、文政一〇年段階の調査結果に、今回の調査結果を追記

飴菓子・草履・草鞋商売	飴菓子・水茶屋商売	菓子類・酢・醤油商売	茶・水菓子類商売	水菓子類・干物商売	茶・菓子・干菓子商売	穀商売	舂米・豆腐商売	五十集売り	刃物商売	小間物商売	小間物類、菓子類商売	荒物商売	瀬戸物商売	下駄・足駄・傘・提灯拵え商売	鼈甲細工渡世	古着屋商売	麁菓子・水茶屋商売
						④				①		⑥					
					③					①							
																①	
3				1													
4							1										
	①																
			⑥			①				①							
										①		①					
						①											
						③				①		②					⑩
						⑤					⑤				①		
						②			②	①		②	①			①	
										①							
										①		①		①			
										①							
										①							
						①				①							
											1						
		1						①		③						①	
		1															

注）そのほかにも多くの余業（「足袋・反物商売」「農具鍛冶、鉄物商売」「古鉄・紙屑買い」など約20種）が調査対象となりましたが、紙幅の関係上、約30種に限って示しています。

表6　栗原組合村での余業調査の結果

	村　名	居酒渡世	居酒・紙類商売	居酒・酢・醤油商売	質屋渡世	髪結い渡世	油絞り渡世	綿打ち・手拭い・下駄類商売	煮売り渡世	蕎麦・煮売り	湯屋渡世	湯屋渡世、飴菓子類商売	菓子卸し	菓子類商売	飴菓子・線香・抹香類商売
小組合	小　台	1			1										
	宮　城	2			2	1									
	本　木	10			3＋①	2＋②									
小組合	高　野（谷在家）	2													
	上沼田	2			1	1									
	下沼田														
小組合	堀之内	2													
	廉浜新田	2													
	廉　浜					1									
小組合	竹ノ塚	1			1	2								①	
	六　月		2	1	2	1		1			1				
	島　根	1			3	1						1		2	
	栗原村	3				1									
小組合	梅　田	4			3									⑥	
	奥　野	1			2	1									
	西新井	5			2	1								④	
小組合	伊　興	6			1	2	①								
	（皿　沼）														
小組合	入　谷	3			1	1			5						
	古千ケ谷	1			1										
小組合	三河島	2			1＋①	3									
	町　谷	2			①										
	谷中本	2													
小組合	小右衛門新田														
	保木間	9			1＋②	4				①	1			②	
小組合	花　又	12＋②			⑥	5								⑦	
	内匠新田	4			2	1					1			⑧	
	弥五郎新田	2			2								①	②	
	次郎左衛門新田	2													
小組合	伊藤谷	1			①	1								②	
	普賢寺	1			2									1	
	嘉兵衛新田	3			2	1								②	
	久左衛門新田	1			1									1＋①	
	五兵衛新田	2													
小組合	大谷田	6			2＋③	2								⑤	
	六ツ木	4			2＋①	1								③	
	長右衛門新田	2													
	佐野新田	1			1										
小組合	北三谷	1			1＋①	1								②	
	長左衛門新田														
	久右衛門新田													①	
	辰沼新田													1	
	蒲　原	1			①									1	

天保9年12月「御取り調べニ付き申し上げ奉り候（農間渡世書上）」より作成。

する形で文書が作成されています。表中の○付きでない数字は、文政一〇年段階の調査結果で、○付き数字は今回の調査で確認された人数を示しています。また、例えば上から三番目の本木《もとき》村での質屋渡世は、文政一〇年段階で三人、今回の調査で新たに一人が確認され加わったことを示しています。

なお、文政一〇年段階の数値ですが、それらはそのまま文政一〇年に判明した人数を示していません。どういうことかというと、文政一〇年段階で判明した余業人を、関東取締出役を頂点とする取り締まり体制を以て、個別に取り締まり、ある程度の抑商に成功しているのです。したがって、文政一〇年段階の数値として示しているものの中には、当初の数値より少なくなっているものもあります。例えば堀之内《ほりのうち》村の場合は、文政一〇年段階では居酒渡世二人が存在したことになっていますが、これについて「文政十亥年御改革の節書き上げ候分、外五品並びニ其の後新規相始め候もの、此のたび御調べの分共一切御座無く候」と記されています。居酒渡世二人以外の五件の余業人はすでに存在せず、その後に余業を始めた者もいない。そして、天保九年の調査でも余業人は一人も確認されない、という意味です。しかし、文政一〇年段階の数値が表中にあるからには、依然余業を行う百姓がおり、さらに天保九年段階では余業人が増加するありさまでした。経済発展を抑制することの難しさがよくわかりますが、関東農村を再建しようとすれば、根気強く取り組まなければならないことだったのです。

再び表6を見ると、多種多様な余業が展開していたことがわかりますが、とりわけ居酒渡世・質屋渡世・菓子類商売が目につきます。このうち、質屋渡世は別に調査されたわけですが、そのほかの余業の調査の際、関東取締出役は大小惣代らに対して、近年、特に往来筋で「菓子類・料理等」の販売を渡世とする百姓がいるが、「其の儘差し置き候ては風俗益《ますます》奢侈相成り」と問題視し、それら「無益の食物商ひ候もの」を減らすよう命じています。実際、居酒渡世・菓子類商売をはじめ、食品販売を行う者が多く、それらを放置することで、ますます風俗が奢侈に移ることが危惧されていたのです。また、質屋渡世は質地を増加させ、まさに本百姓体制を動揺させるものでしたから、特に問題視され、そのためほかの余業とは別に、強く取り締まりの対象になったものと思われます。

表6の元となった、天保九年の調査結果をまとめた文書は、大惣代の竹ノ塚村名主河内勇蔵・伊興村名主林蔵・佐野新田名主賢次郎、小惣代の五兵衛《ごへえ》新田《しんでん》名主五兵衛・大谷田《おおやた》村名主旧蔵・北三谷《きたさんや》村名主重兵衛から、関東取締出役の吉田左五郎・大田平助・内藤賢一郎・小池三助、関東取締臨時出役の須藤保次郎へ提出されています。

天保九年の調査後、廻村してきた関東取締出役に対して、余業人の存在する村の村役人と大小惣代が余業人の存在を報告し、関東取締出役から余業人へ農業出精を命ずるという形で取り締まりが行われました。ちなみに、賢次郎は表6の太線で囲った三小組合村を担当しており、その範囲で関東取締出役による余業取り締まりを下支えしたのでした。また、右に見たように、そのほかの余業の調査の際、関東取締出役が大小惣代らに対して「無益の食物商ひ候もの」を減らすよう命じていることからすると、日頃から、賢次郎ら惣代によって余業人に対する農業出精の指導が行われていたと考えてよいでしょう。

回改革組合村での治安維持活動

次に、賢次郎による治安維持活動の様相を見ます。

大惣代は、あくまで関東取締出役の補佐をする形で治安維持活動に携わりました。その具体例を次に示しましょう。

差し上げ奉る御預かり一札《いっさつ》の事

武州足立郡大谷田村
百姓文六後家みよ倅
金蔵

右のもの儀、風聞宜しからず候趣御聴きに入り、今般召し呼ばせられ、御吟味の上、右村役人並びに組合のもの並びに組合村々大惣代え御預け遊ばされ、慥《たし》かニ預かり奉り候、然る上は私共よりも得と教諭仕り、心を改め農業出精仕らせ、私共義も平日心付け居り、向後悪事携わり候義承り及び候ハヾ、右始末早速申し上げ奉り候、(中略)

天保十二寅年八月十一日

関保右衛門当分御預所
武州足立郡大谷田村
組合
小右衛門

年寄　清兵衛
右同断
　佐野新田
組合村々大惣代
　名主　賢次郎

関東取締出役
中村仁左衛門様

これは、天保一二年（一八四一）八月一一日に、大谷田村の組合（形式上、ここには名主が来るのが通例ですから、小組合の小惣代兼名主のことと考えられます）小右衛門・年寄清兵衛、そして大惣代賢次郎から、関東取締出役の中村仁左衛門に提出された一札です。内容は、大谷田村の金蔵の風聞が宜しくなく、このたび、関東取締出役の仁左衛門に召喚され、吟味の上、村役人、組合の者（小右衛門のことでしょう）、大惣代への預け（刑罰の一つで、罪人を町・村・親類などに預けて一定期間謹慎させること）に処せられ、三人が金蔵を預かることを約しています。そして、三人から諭し、農業に出精するよう改心させるが、今後も悪事に携わることがあれば、早速報告する旨を述べています。

この史料だけでは、金蔵の働いた悪事の具体的内容はわかりませんが、村（名主）—小組合村（小惣代）—大組合村（大惣代）という重層的な体制でもって、関東取締出役を主体とした治安維持活動が、改革組合村内で下支えされていたといえるでしょう。そして、右の史料中に「心を改め農業出精仕らせ」とあるように、治安維持活動の中で、農業出精が究極的目標とされている点は、余業調査の実施と併せて、文政改革の本質を理解する上で重視されてよいことです。

このほかにも、賢次郎は様々な形で治安維持に関わっていました。先の史料中に「右のもの儀風聞宜しからず候趣御聴きに入り」とありますが、関東取締出役は、僅か一〇名前後しかいませんでした。広大な関東農村内で、どのようにして風聞の宜しくない者について耳にすることができたのでしょうか？　実は彼らは、しばしば大惣代らを通じて各種情報を収集していたのです。

例えば天保八年（一八三七）一二月、賢次郎は関東取締出役の内藤賢一郎に、「小《こ》菅《すげ》御《お》囲《かこい》内風聞紀し書」と題する文書を提出しています。小菅とは葛飾郡小菅村のことで、かつて関東郡代伊奈家の下屋敷が置かれていた村です。のちに下屋敷は歴代将軍の鷹狩りの際の休憩所である御膳所として使用され、小菅御殿《ごてん》と呼ばれました。伊奈家が失脚してからは、御殿は廃止され、跡地は小菅御囲と称される幕府所有地となったのです。つまり、賢次郎はこの小菅御囲の不穏な動きを調査し、関東取締出役に報告しているのです。

小菅御囲には納屋が建てられ、囲穀《かこいこく》政策の一環として籾《もみ》が貯えられていたのですが、その籾が紛失するという事件が発生したのです。賢次郎はこの件につき、「小菅御納屋御詰め籾、去る中年（天保七年）中紛失仕り候一件夫々《それぞれ》落着、右盗み籾売り捌き人小菅村与右衛門欠落《かけおち》いたし候処、同人義、其の後家内え立ち戻り候様子ニ御座候」と報告しています。すでに盗人は召し捕らえられたのですが、その盗まれた籾を売り捌いていた小菅村の与右衛門なる人物が見つかっていなかったのです。彼は行方をくらましていたのですが、賢次郎はこのたび、彼が家に戻っているとの風聞を聞きつけ、関東取締出役に知らせているというわけです。

小菅村は、賢次郎が大惣代を務める大組合村内の村ではありませんが、その大組合中の伊藤谷村から小菅村で小作をしている者が存在すること、また、弥五郎新田《やごろうしんでん》の四郎吉が小菅村内で高利貸しをしていることなども聞きつけ、同時に関東取締出役に知らせています。そのほかにも大組合村に属す村が文書に出てきますが、全てが、彼が担当していた三小組合村に属す村ではありません。小菅村については、かつて伊奈家の屋敷があった場所ということで、佐野家ゆかりの地であり、そのことが関係しているといえないこともありませんが、全体として見た場合、当時大惣代の中で大組合村に関わる風聞を糺す役割を担っていたのが賢次郎であったと解するほうが自然でしょう。小菅村は大組合村内の村々と関係が深く、そうした風聞を糺す過程で、小菅村自体の風聞も収集する任を帯びることになったものと思われます。

文書の最後で賢次郎は、「風聞の儀ニ付き聢《しか》と突き留め候筋ニは御座無く候、猶又御聞き糺し成し下し置かれたく願い上げ奉り候」と結んでいます。風聞を記したのであり、裏を取ったわけではない。だから、関東取締出役のほうで猶又聞き糺すよう願っています。同文書には治安維持に関する風聞のみが記されているわけではありませんが、その後も、治安維持に関わる風聞も継続して関東取締出役に知らせています。大惣代の賢次郎は、こうした形でも関東取締出役の治安維持活動を支えていたのでした。

回組合村議定の制定

最後に、「組合村議定《くみあいむらぎじょう》」の制定について見ましょう。改革組合村《かいかくくみあいむら》では、しばしば議定が制定されています。ここでは、その中でも幕末まで何度か制定された、下肥《しもごえ》値段の引き下げに関する議定の一例を取り上げたいと思います。

天保一五年（一八四四）五月に議定が制定されていますが、まず、そこに至る経緯を簡単に説明しておきましょう。

一〇〇万都市・江戸から生じる屎尿《しにょう》は、特に江戸近郊農村の百姓にとっては重要な肥料源でした。そして、多くの百姓が屎尿を下肥として、下肥業者から購入していたのですが、近年、その値段が高騰していたのです。そこで天保一四年（一八四三）一一月、所領ごとの惣代が訴願し、江戸町奉行から下肥値段を引き下げるよう江戸市中へ命令が下されます。しかし、下肥値段の引き下げは徹底されませんでした。惣代たちが三月、再び奉行所へ願ったところ、最終的に改革組合村の惣代を通じて関東取締出役へ願うよう申し渡され、所領ごとの惣代が願ったところ、関東取締出役が廻村の上、下肥値下げについて規定が定められました。

村議定でも同様でしたが、改革組合村内での組合村議定も関東取締出役の命令をきっかけに制定されることがよくありました。これから見る議定も、右の下肥値下げについて定められた規定をもとに、栗原組合村の大小惣代たちが葛飾郡新宿《にいじゅくまち》町で参会の上、制定したものです。もちろん、賢次郎は大惣代としてその参会に出席し、議定制定において中心的な役割を果たしました。なお、議定は長大なものなので、一箇条ずつ見るのではなく、その大要を内容ごとにまとめて示すことにします。

①近年、江戸市中で下肥値段が高騰し、田畑へ肥料が行き届かなくなって難儀していたため、武蔵・下総両国の九カ領の惣代が願い、江戸町奉行所などの取り計らいがあったことが記されています。右に見たように、町奉行所の取り計らいは徹底されませんでしたが、その下肥値下げの趣旨が「第一御田地永続の基《もとい》」になるとして、今回議定を制定したことが述べられます。実際は関東取締出役による下肥値下げに関する規定をもとに制定されたのであり、町奉行所の不甲斐なさに対する皮肉を込めているのでしょう。この部分は前書《まえがき》にあたり、以下に制定内容が続きます。

②武家・寺社・町方共、元々下掃除人がいる場所へ、外より別人が入って糶取《せりとり》をしてはいけない。たとえ家主の親類縁者や親しい者が糶取した屎尿であっても、元の下掃除人へ必ず返すよう村役人が取り計らうこと。

下掃除人とは、江戸市中の屎尿を、代金を支払って汲み取り、その屎尿を周辺農村へ販売する下肥業者でした。糶取とは、元の下掃除人が担当する箇所の屎尿を、別の人物が元の下掃除人より高い代金を町人などに支払い購入することです。原価の値上がりによって販売価格も高騰します。屎尿の商品的価値が上昇することで糶取が生じ、価格上昇を招く結果となっていたのです。

③下掃除代の相場は、天保一二年の相場を基準として一割引き下げ、そのほか、格別高値の場所については、このたび改めて掛け合い、引き下げること。

天保一二年の相場がこの史料からはわかりませんが、具体的に一割の値下げが申し合わされています。また、場所によっては、以前から格別高値で下肥が取引されており、このたび、改めて値下げが目論まれています。

④下掃除人については、このたび仕法を立てたといっても、銘々が下掃除を行うことを特権と心得、下掃除人共が寄り合い、勝手気儘の相場を取り決めてはいけない。

仕法とは、この議定のことです。下掃除人は町家などと年度契約を結び、代金を支払うことで下掃除の権利を得ていました。このあとにも出てきますが、糶取の禁止は彼らの権利を保護することにもなります。だからといって、彼らが下掃除をすることを特権と捉え、下肥を値上げするようなことになってもいけません。そうした事態に至ることを牽制しているのです。

⑤下掃除について心得違いをしている者がいる。今後、糶取を行う者がいれば、申し諭し、速やかに屎尿を下掃除人へ返却させること。

これは②と似た内容ですが、いかに糶取が問題になっていたかがよくわかるので、まとめずに示しておきます。

⑥江戸に住んで下掃除場所を持ち、また、町人の下掃除人が所持する下掃除場所を下請けしている百姓もいるが、そのようなことを決してしてはいけない。さらに、下掃除場所を持たず、船を所持して、少しずつ屎尿を買い集めて売り捌いている者がいるが、そのような渡世も禁止である。

屎尿の汲み取り先である町家などを下掃除場所といいました。下掃除人の中には、江戸に住居を移して下掃除場所を持ち、下掃除渡世を営む百姓がいたのです。そのほかの下掃除渡世のあり方も不正とされました。こうした渡世の仕方が現れてくるほどに、屎尿の商品的価値が上がっていたのです。それゆえに、新たな渡世の仕方を放置すれば、さらなる下肥の価格上昇に繋がる可能性が十分あったのです。

さて、この組合村議定は一種の法ですが、法は制定しただけでは意味がありません。基本的に、大惣代→小惣代→名主と廻達されてきた議定を、一村ごとに名主が写し取り、一般百姓らに読み聞かせるなどして遵守を誓わせたのです。例えば佐野新田では、名主でもあった賢次郎が議定を写し取り、村民たちに連署の上、その遵守を誓わせています。また、この議定に背いた者は、関東取締出役によって罰せられることもありました。

なお、改革組合村は国家的支配の枠組みで、幕領・私領・寺社領の区別なく組合村が編成されましたが、領主支配の枠組みが消滅したわけではありません。今回の組合村議定制定は、所領ごとの惣代による訴願がきっかけでした。当然といえば当然です。下肥の高騰は百姓経営に響き、年貢上納に関わることです。年貢は国家に上納するものではありません。所領を支配している領主に上納するものです。したがって、下肥の高騰に、いち早く反応したのは各所領の百姓らであり、その打開のために各所領内で惣代が選ばれ、訴願に至ったのです。しかし、すでに改革組合村が設定されており、関東農村における広域的な問題は、関東取締出役に願い、改革組合村単位で対処することになったのでした。

こうして組合村議定が制定されたことは、自治が展開していたことを意味しているといえるでしょう。従来の研究では、改革組合村は国家的支配の枠組みであるゆえ、その内部ではトップダウンの支配しか行われないとの見解が存在しましたが、それは一面的に過ぎます。近年では、改革組合村の自治的性格を検証する研究も進んでいます。そもそも大小惣代は大小組合村の代表者として設置されており、その点からも、改革組合村に自治的性格があったことを認めるのに無理はないと思います。確かに、改革組合村は関東取締出役を頂点とした国家的支配の枠組みでしたが、その内部で自治が展開することで、国家的支配が補強されていたと考えられます。今回の組合村議定の制定がそのことを物語っています。

以上、名主、のちに改革組合村の大惣代として、佐野家代々の当主が果たしていた主要な仕事を見てきました。第一章で取り上げた名主平治右衛門の場合と同様、彼らの活躍なくして、領主としての幕府の支配はもちろん、中央政府としての幕府の国家的支配も実現は困難でした。

佐野新田は千住宿周辺の村であったため、助郷役も務めなければなりませんでした。領主への年貢のみならず、国家的課役まで佐野新田には課されたわけですが、佐野家歴代の当主の働きなくしては、それらを務め上げることはできませんでした。臨時の課役とはいえ、ここでも佐野家歴代の当主は幕府の国家的支配を支えていたのです。

ところで、改革組合村の大組合村である栗原組合村の大惣代を、佐野家歴代の当主が務めていたというのは特筆すべきことです。関東取締出役と改革組合村の設置は、領主制の上に国家の論理が自立化し、幕府の本拠地たる江戸を中心に、国家的な広域行政の枠組みが設定されたという意味で、徳川時代における国家史の画期をなしていました。しかし、関東取締出役・改革組合村体制は、大小惣代の存在なくしては機能し得ませんでした。佐野家のような存在と手を組んで初めて、幕府は関東取締出役・改革組合村体制を機能させることができたのです。

武士から名主へ転向し、百姓となった佐野家でしたが、その後も元武士としての影響力は村内に残り、また幕府は、同家が武士時代に関東の広域行政に携わっていたことから、そのノウハウを活かそうとしました。その終着点が、栗原組合村四二カ村の大惣代への就任だったのです。

名主の存在の大きさはいうまでもありませんが、徳川時代後期には、大小惣代のような一村を越える広域行政を担う村役人が誕生してくるところに大きな特徴があります。社会の変化に対応して、幕藩領主の側も村々の支配方式を変えていったのです。

第三章◎播磨国御三卿清水領知の庄屋・「取締役」三枝家の仕事

回 河合中村の三枝家――脆弱な支配体制を支える

続いて、播磨国（兵庫県南西部）御《ご》三卿《さんきょう》清水《しみず》家領知の庄屋、のちに取締惣代・社倉見廻役兼取締役といった村役人（以下、「取締役」と総称）を務めた三枝《さえぐさ》家を取り上げ、多岐にわたる仕事の詳細を見ていきましょう。

まずその前提として、御三卿清水家とはどのような存在なのか、そして、その点と関わる形で、播磨国清水領知の特徴についても簡単に述べておきたいと思います。

御三卿（清水家・田安《たやす》家・一橋《ひとつばし》家）は、徳川時代中期に成立しましたが、その存在形態は幕藩体制と捉えられる当時の政治体制から見ると、特殊な存在でした。御三卿は居城を持つことなく、江戸城内に住まい、賄料を支給されて、将軍家の最近親として位置していたのです。同じ将軍家親族である御《ご》三家《さんけ》とは異なり、一門大名として独立分家した藩屏《はんぺい》ではなく、その意味で将軍の家来ではなかったのです。全く将軍家の身内として存在していたのでした。しかし、御三卿は賄料として領知（領地ではなく「領知」と記しました）を将軍から賜り、領民支配の機構も持っていたのであり、その意味では紛れもない領主でした。

では、その御三卿、特に清水家の領知は、いかなる性格を持つものだったのでしょうか？　御三卿領知はもともと幕領だったのですが、その支配体制は大きく変更されることなく、幕領時のものとほとんど変わりませんでした。例えば、直接民政を担当する支配機構は、幕府と同じく代官です。清水領知の場合について述べると、大和・和泉・播磨の領知は大坂の川口代官所が支配を担当していました。清水家は九代将軍徳川家重《いえしげ》の次男重好《しげよし》に始まりますが、一〇代将軍家治《いえはる》は宝暦一二年（一七六二）時点で、領知一〇万石を武蔵・上総・下総・甲斐・大和・和泉・播磨の七カ国内で下賜しています。このように、清水領知は幕領と同様に諸国に散在しており、地域別に代官が配置されていました。そして、大和・和泉・播磨の領知については川口代官が配置されていたのです。

ただし、御三卿の代官所は幕府の代官所（代官は江戸在住で、時期や代官所によって異なりますが、手代《てだい》という代官の属僚などが一〇名前後しかいませんでした）よりも、なお脆弱な体制だったのであり、川口代官所も例外ではありませんでした。そのような脆弱な体制の下で、川口代官所は、三カ国にもまたがる広大な領知を支配しなければならなかったのです。そこで重要になってくるのが、村役人の存在です。清水領知では、ほかの領地にも増して、領主は村役人の活躍に期待し、また、そうでなければ支配の実行は不可能でした。そして、川口代官所は各村の庄屋に期待すると共に、のちには一村を越える広域行政を担う村役人を積極的に設置し、広大な領知支配の大きな部分を担わせていったのです。徳川時代後期には、このような存在が活躍するところに大きな特徴がありましたが、清水領知では特に強く見られた傾向でした。

そして、本章の主役である三枝家歴代の当主は、加東郡河合中村《かとうぐんかわいなかむら》（兵庫県小野市）の庄屋を務めると共に、組合村を管轄する「取締役」としても尽力し、最終的には清水家の家来、つまり武士にまで上り詰めるのです。前章で取り上げた佐野家とは逆のパターンといえます。なお、三枝家ほどではなくても、広域行政を担う村役人の中には、苗字帯刀《みょうじたいとう》などを許可される者が存在しました。この点については大和・和泉・播磨の清水領知を例に少し触れることにしましょう。

それでは、三枝家歴代の当主が、どのような仕事を行っていたのかを具体的に見ていきます。その際、第一・二章においては名主の仕事を詳しく見たので、本章では、庄屋としての三枝家の仕事については簡単に見るにとどめ、「取締役」としての同家の仕事を中心に見ることにします。その際、素材とする三枝家文書（小野市立好古館所蔵）は一万点を超える一級の史料群であり、大半は「取締役」に関するものです。清水領知における、「取締役」三枝家による広域行政の実態が詳細に明らかになるでしょう。

◎三枝家の立場

これまでにも触れたように、徳川時代中期以降の農村では、程度の差こそあれ貧富の差が進行し、特に後期には一部の上層百姓である地主・豪農と、多数の下層百姓というように格差がより大きく広がっていきました。もちろん、河合中村でも同様の状況が見られました。そして、格差が広がる中で、村内で圧倒的な財力を誇ったのが、三枝家なのです。

三枝家の河合中村内での所持石高を示すと、徳川時代後期に急成長し、寛政八年（一七九六）五〇石余、文化四年（一八〇七）八一石、天保二年（一八三一）一五〇石余、嘉永七年（一八五四）一五〇石余、安政二年（一八五五）一四五石余と、天保二年以降はいずれも村内第一位の所持石高を誇りました。また、三枝家は享保八年（一七二三）以来、加東・加西《かさい》両郡にまたがる幕領の青野原新田《あおのがはらしんでん》の開発に取り組んでおり、天保二年には青野原新田の地主として二四七石余、安政二年には三七二石余を所持していたことが判明します。したがって、天保二年における三枝家の所持石高は合計三九七石余、安政二年に至っては合計五一七石余を所持していました。さらに、三枝家は酒造業や絞油《しぼりあぶら》業をも営む堂々たる豪農でした。

幕末には、三枝家は土地だけで五〇〇石ほどを所持していたわけですが、これは一般的な旗本と同程度の財力です。加えて豪農は商業を行っていたので、その財力はさらに大きなものでした。河合中村内ではもちろんですが、三枝家は播磨国内でも有数の富者だったのです。

ところで、このような富者、すなわち地主・豪農について、従来の研究では、概して、彼らは高利貸しとして、その利貸経営が分析されてきました。実際、彼らの利貸経営によって多くの一般百姓の経営が潰されたことは間違いなく、その何よりの証明が、彼らの罪を糾弾し、制裁を加える打ちこわしの発生です。しかし、そのような理解だけでは不十分であることも事実なのです。地主・豪農の貸付が百姓の生活を支える場合もあり、さらには、徳川時代には富の社会的還元が当然であると観念される中で、彼らは「合力《ごうりき》」（穀物や金銭を与えて助けること）を行ったのです。もちろん、地主・豪農と一口に言っても様々な人物がいます。①富の社会的還元に積極的な者もいれば、②消極的な者、そして、③彼らの中間的な者もいました。②のタイプは私的利益の追求を重視し、公益にあまり感心がないといえます。そのような人物は、先述のように、打ちこわしの対象となったのです。①②のタイプも打ちこわしの対象となることがありましたが、②よりも①のタイプは、ほとんどその可能性はありませんでした。

三枝家は①のタイプの豪農でした。同家代々の当主は盛んに合力を行っています。貧民救済はもとより、長病人へは薬代、葬式代を賄えない者へは手当を遣わすなどしていました。天明の飢饉中にも米雑穀の施しを行い、飢饉に喘ぐ百姓らを救済しています。ちなみに、前章で見た佐野家も合力を行っていました。タイプでいえば③になるでしょう。村役人の仕事に直接関連しなかったので取り上げませんでしたが、三枝家の場合は、庄屋への就任にあたって、また、「取締役」の就任にあたって重要な要素となるのです。

まず、本項では前者の場合を見ましょう。三枝家歴代の当主は、清水領知発足時から河合中村の庄屋に就任していたのではありません。三枝家が庄屋の地位を得るのは、文化四年（一八〇七）からです。そのことは、これまで述べてきたように、同家が徳川時代中期以降、豪農として成長し、かつ富の社会的還元を積極的に行うなど、村の公益に携わっていたことと密接な関係があります。

三枝家が庄屋に就任するきっかけになったのは、寛政五年（一七九三）に起こった村方騒動の結果、多数派の百姓たちに推されてのことでした。寛政五年、河合中村の百姓惣代（代表者）たちが川口代官所に対し、当時の庄屋重兵衛が「我儘《わがまま》支配」を行うので、百姓経営が維持できず、百姓一同が嘆かわしく思っている旨を上申しています。これを機に、百姓一同は一気に庄屋の交代を代官所に願うのです。翌寛政六年（一七九四）に百姓惣代たちは、当村の庄屋については百姓一同相談の上、二七代五郎兵衛（三枝家当主。同家は古い由緒を持ち、代々当主は五郎兵衛と名乗りました。以下、特に断らない限り二七代）へ願いたい旨を上申しています。そして寛政八年（一七九六）には、百姓一同が連署して、五郎兵衛の庄屋就任を改めて願いますが、その中で彼について、「当時御高五拾石六斗余所持仕り、身元も宜しく平生実体《じってい》成るものニて御用向き相勤め候ものニ御座候」と評されています。当時五〇石余を所持する大高持ちで、普段から実直な人物でもあり、御用向きも務めている、というのです。ここからは、貧富の差が拡大してきたといっても、富めること自体は否定されていないことがわかります。というより、富の社会的還元を積極的に行い、村の公益に関わっていたことが評価されているといえるでしょう。そもそも庄屋は、優位な百姓経営を営む存在である必要があったことからも、大高持ちであることが重視されているのです。かつ五郎兵衛は人格的に優れており、御用も務めていました。

ここでいう御用とは、青野原新田の開発のことです。これは享保改革の一環として実施された、全国的な新田開発の一つでした。御用を務めた経験があれば、村用も十分こなせるでしょう。このように、新たに庄屋に就任するには、五郎兵衛は申し分のない人物だったのです。

しかし、五郎兵衛の庄屋就任は、文化四年まで待たなければなりませんでした。三枝家は河合中村内では新興の実力者で、「我儘支配」ができるほど長く同村を牛耳ってきた旧庄屋家との間で衝突が起きていたのです。しかし、多くの村民の支持を得て、ようやく庄屋の地位を得たのでした。五郎兵衛がその地位に固執していたというよりは、粘り強い村民たちの支持の結果でした。こうして、五郎兵衛は、村民らの期待に応え、「永々百姓相続」、すなわち永続的に百姓経営が維持するよう努めていくことになるのです。

回河合中村庄屋所――庄屋家は村の総合庁舎

庄屋の仕事として、やはり外せないのは年貢の徴収と上納です。したがって、ここでも二八代五郎兵衛の場合を簡単に見ておきたいと思います。一例として、弘化三年(一八四六)一〇月付けの「年貢割付状」(免状・免定)を掲げます。

播磨国加東郡

午御年貢納さむべき割附の事

子より酉迄拾ケ年定免

一、高七百九拾石壱升三合　　河合中村

納め合わせ　米三百拾五石四斗壱升四合

銀七百拾八匁壱分壱厘六毛

右は定免御取箇書面の通り候条、村中大小の百姓・入作の者迄残らず立ち会い、甲乙無くこれ割り合い、来ル極月十日限り急度皆済すべし、尤も以後年季切り替え、或いは米銀増減これ有る節は、其の訳委敷く記し、相渡すもの也、

弘化三午年十月　酒井圓五郎㊞

右村
庄屋
年寄
惣百姓

この年貢割付状は、かなりシンプルなものです。ほかの年度の年貢割付状は、多くの場合、第一・二章で見たものと同様に、田畑別の年貢賦課や各種付加税の賦課などについても記されていますが、この年貢割付状では、弘化三年度の合計年貢額が通達されているのみです。当時の川口代官の酒井圓五郎から河合中村の庄屋・年寄・惣百姓に宛てられており、村高の七九〇石一升三合に対して、米三一五石四斗一升四合と銀七一八匁一分一厘六毛が総年貢量として賦課されています。

このような年貢割付状も存在することを示す意図がないわけではありませんが、むしろ弘化三年度は、年貢の徴収と上納の過程がよくわかるため、この年貢割付状を取り上げました。これまで見た年貢割付状と同様、末尾では、年貢は書面の通りであるから、大小百姓・入作（他村からやって来て小作をすること）の者まで立ち会って、来たる一二月一〇日までに年貢を皆済《かいさい》するよう命じています。こう命じるだけで、やはり代官は年貢の個別の割付と収納を、すべて村に任せています。もちろん、その中心となったのは庄屋の五郎兵衛でした。

このあと、五郎兵衛は会合を開いて個別の年貢割付を行いますが、その記録の末尾には、村民たちが年貢割付につき「参会の上一同見届け、夫々《それぞれ》承知仕り候」と記して連署しています。村民一同が年貢割付を見届け、各々承知したというのですから、代官の命令通りに村民たちが立ち会った上で、不透明な年貢勘定が行われていないことを村民一同が確認する体制が整っていたことがわかります。その後、年貢が皆済され、翌弘化四年（一八四七）三月に代官から五郎兵衛に「年貢皆済目録」が交付されています。宛名は庄屋・年寄・惣百姓ですが、あくまで五郎兵衛が村の行政官として、河合中村における年貢の徴収と上納の責任を負っていたのです。

なお、村民が年貢を五郎兵衛に預ける際、「河合中村御庄屋所」宛ての文書を添えている例が確認できます。その後も同様の例は見られ、五郎兵衛自身も文書を村民に宛てる際、自らの居宅を「庄屋所」と記す例がいくつも見られます。同様のことは、第一章で取り上げた、名主伊能《いよく》家の場合などにも見られます。共通するのは領主権が脆弱で、庄屋の行政的手腕に大きな期待が寄せられていたという状況です。清水領知は尚更で、領知支配の多くを庄屋に任せざるを得ませんでした。「取締役」設置以前は、庄屋の中でも有力な存在が川口代官所の、いわば出先機関的役割を果たしていたのでしょう。

三枝家歴代の当主も、伊能家や佐野家歴代の当主と同様、庄屋として年貢の徴収と上納に限らない仕事をこなしていました。次に、これも名主に共通した仕事ですが、治安維持に携わっていた側面を見ましょう。

文政五年（一八二二）一一月四日、一一八代五郎兵衛は谷町代官所宛てに「恐れ乍ら内密御届」と題する文書を提出しています。谷町代官所は幕府の代官所です。一時、清水家当主が絶えて清水領知は幕領へ支配替えになりました。しかし、農村支配体制に大きな変化はなく、五郎兵衛は庄屋のままで清水領知期と変わらない仕事をこなしていました。

さて、五郎兵衛はいったいどのようなことを内密に報告したのでしょうか？　文書によると、河合中村の百姓吉左衛門が、当年六月末に姫路藩領の播磨国加古《かこ》郡宗作《そうさ》村の宇兵衛宅で博奕《ばくえき》を打っていたことを聞きつけ、五郎兵衛が取り調べを行ったところ、吉左衛門が否定しなかったために親類共への預け（刑罰の一つで、罪人を町・村・親類などに預けて一定期間謹慎させること。この場合は親類預けといいます）に処した。その上で意見を加えたところ、本人は心得違いの旨を嘆いた、といいます。当時、博奕は厳しく禁止されていたため、五郎兵衛は続けて、今回の件を「不埒《ふらち》」「聞き捨て難」いといい、右の通り代官所に報告した上で、「何卒《なにとぞ》宜しく御取り計らい成し下せられ候様仕りたく存じ奉り候」と述べ、代官所のほうで、然るべき取り計らいがなされることを期待しているのです。博奕を行った吉左衛門を親類預けだけでは済まさず、厳罰に処すことを求めているのですが、村の行政官として、悪事を許さない、厳しい五郎兵衛の姿勢が読み取れるでしょう。

続いて、三枝家歴代の当主が紛争の調停にも関わっていたことを示しましょう。例えば文政三年（一八二〇）二月二九日、河合中村の丈兵衛が農事のために家を留守にしたところ、金二朱と白米三升がなくなっていました。不審に思った丈兵衛は、彼の家に出入りしていた庄兵衛に尋ねたところ、庄兵衛は全く覚えのないことであり、「無体の儀申し掛けられ候ニ付き、捨て置き難」いと怒りを露わにし、まずは年寄に届けたようですが、解決しませんでした。そこで三月一二日、今度は庄屋の二八代五郎兵衛に届けたところ、丈兵衛が召喚されて取り調べが行われました。しかし、その最中、怒りの収まらない庄兵衛は、川口代官所での裁判を望むに至ります。しかし、五郎兵衛が重ね重ね取り調べ、内済《ないさい》を試みたところ、双方とも心得違いの旨を承知し、解決しています。それぞれの言い分は次の通りです。

①丈兵衛の言い分は、庄兵衛は兼ねて懇意の者で、時折、金銭や飯料などを分担してくれるので、留守中とはいえ、彼が金などを盗み取るはずがない。取り調べくだされ、疑念は晴れた。一方、②庄兵衛の言い分は次の通り。丈兵衛とは兼ねてより懇意にしている。にもかかわらず、盗人同様に扱われ、納得できずに裁判まで望んだが、精々取り調べくださり、右の通り、丈兵衛が得心してくれたので、強いて裁判に持ち込む気はない。納得し、申し分もない。

三月二〇日に、丈兵衛とその親類、庄兵衛と彼の親類が庄屋五郎兵衛に宛てて、一札を提出しています。五郎兵衛の取り調べによって、双方の心得違いが晴れ、和談の行き届いたことを感謝し、かつ五郎兵衛から、以来は農業に励み、争いのないよう命じられたことを承知して、以後これに背いた場合は、どのように申し付けられても申し分のないことを申し入れています。

庄屋の五郎兵衛には裁判権はありませんでしたが、徳川時代においても裁判は面倒なことで、特に播磨国清水領知の場合は、裁判をするとなれば、川口代官所まで赴く必要がありました。大坂までの旅費・滞在費に裁判費用、さらには判決が出るまでの間は農業もできません。そもそも川口代官所に三カ国からの出訴にいちいち対応するだけの体力はありませんでした。川口代官所での裁判となれば、庄屋もそれに関与しましたが、徳川時代の訴訟は、なるべく内済に持ち込むのが一般的で、裁判上の解決法の一つでもありました。そうしたこともあって、五郎兵衛はなるべく川口代官所での裁判を避け、内済による解決を試みたのです。

ここまで、河合中村の庄屋所に詰め、村の行政官として働く二七・二八代五郎兵衛の姿を見てきましたが、村の代表者としての側面も見ておきたいと思います。清水領知の支配体制に規定されて、どうしても村の行政官としての姿が目立ちますが、村の代表者としての側面がなかったわけではありません。一例を示しましょう。

天保三年（一八三二）八月三日に、河合中村の百姓惣代として、組頭の勘兵衛と共に、庄屋の二八代五郎兵衛が、川口代官所へ訴訟に及んでいます。訴状の大要は次の通りです。

河合中村の字さこうすは、隣村である下総国古河《こが》藩飛地の加東郡新部《しんべ》村の用水路から分水して用水を確保してきた。ところが、当年は日照り続きであるにもかかわらず、分水してくれない。精々掛け合ったが、新部村から人足が派遣され、さこうすの溝を堰き止め、少しも分水してくれなくなった。このような理不尽に加え、昼夜多人数が手道具を携えて分水場に詰め、河合中村へ水を引こうとする者がいれば、たちまち打擲《ちょうちゃく》に及ぶように見え、怪我人などが出る恐れがある。そこで、新部村の村役人らに右のような強勢をやめるよう再三掛け合ったが、解決しなかった。日照り続きで耕地の用水に差し支えることは必至で、捨て置けないのはもちろん、新部村の理不尽な態度を見過ごせないので、やむを得ず訴え申し上げる。

この訴状を受けた川口代官所は、早速、古河藩飛地の役所に掛け合い、見分の上で糺すよう依頼しています。しかし、新部村の理不尽はやまず、このままでは収穫が覚束ないといって、五郎兵衛ら村役人は追訴までしました。年貢徴収に関わるとなれば、川口代官所も放ってはおけません。再度同代官所は先方の役所に掛け合います。その結果、先方の役所が吟味を始め、役人が新部村に赴いています。五人組頭一同が村預けに処せられ、厳しく糺されました。しかし、河合中村と新部村の言い分に齟齬《そご》があり、新部村は納得しませんでした。にもかかわらず、役人は「隣村の好《よしみ》を以て承知致し遣わし候様、厳敷く理解に及」んでいます。隣村の好を以て分水してやれ、と命じたわけです。結局、和談は成立せず、幕府の機関たる大坂町奉行所で決着をつけることになったようですが、その顛末は残念ながら不明です。

ここからは、五郎兵衛が確かに村の代表者としてもあり、村民の利害を守ろうとしていたことがわかります。その際、村落間で解決を試みるのではなく、彼は清水家の圧倒的な家格の高さをうまく利用しながら事を進めているといえます。清水家役所である川口代官所から掛け合われた古河藩飛地の役所は、役人まで派遣して新部村の百姓らを糺し、川口代官所へいちいち報告を怠りません。どちらが優位な立場にあるかは一目瞭然です。村の行政官としては、なるべく裁判を避けようと努めた五郎兵衛ですが、村の代表者としては、その限りではなかったようです。清水家の家格を利用しようとするところからは、五郎兵衛の抜け目のなさされ感じられる一件です。

以上、庄屋としての五郎兵衛の主な仕事を数例示してみました。彼は徴税を行い、治安維持に携わり、裁判権は持っていませんでしたが、村の紛争解決にあたっています。名主に共通することですが、現代風にいえば、五郎兵の仕事は税務・警察・裁判などにも及ぶ幅広いもので、三枝家の居宅が河合中村庄屋所などと称されていたことからすれば、庄屋三枝家は、村の総合庁舎のごとき役割を果たしていたといえるでしょう。

回組合村の「取締役」に就任

さて、三枝家歴代の当主は、河合中村の庄屋を務めると共に、組合村を範囲に広域行政を担う「取締役」としても尽力していたことは、すでに述べた通りです。次に、後者について具体的に見ていきます。

庄屋就任と同様、三枝家は「取締役」制創出時から同役に就任していたのではありません。これは、「取締役」が庄屋の中から選出されたためです。「取締役」制創出後に庄屋に就任した五郎兵衛は、同役就任も文政期（一八一八～三〇）まで待たなければなりませんでした。ここでは「取締役」制についての説明も兼ねて、同制度の創出から五郎兵衛の「取締役」就任に至る過程を辿りたいと思います。

前章で見たように、中央政府としての幕府は、地主・豪農と手を組むことで文政改革を断行しましたが、そのような動向は個別領主の場合も同様でした。徳川時代後期には、多くの領主が地主・豪農と手を組み、財政窮乏などによって機能不全に陥りつつあった領内支配体制の立て直しを図り、民政を充実させていったのです。もちろん、清水家も例外ではありませんでした。

大和・和泉・播磨の清水領知では、寛政改革が断行される中で、一〇～二〇カ村程度から成る組合村が新規に編成され、それを管轄する村役人として組合中取締役が任命されました。諸藩などでも農村の荒廃や年貢収納の減少による財政窮乏は幕府と同様であったため、幕府の寛政改革と同様の改革政治が広く行われました。御三卿は幕府の最近親として位置づけられていたので、その領知では、幕府の寛政改革が及ぶ形で改革政治が断行されたのです。清水領知では、寛政五年（一七九三）から貧民政策・倹約奨励・社倉《しゃそう》政策（囲穀政策の一種）などの農村復興策が実施されています。そして、これらの政策を効率的に実施するために、組合村の編成と組合中取締役の設置が行われたのでした。なお、清水領知の寛政改革では社倉政策が特に重視されました。前章でも触れたように、これは天明の凶作・飢饉の被害を見据えて実施された、本百姓体制の再建を意図した政策です。寛政改革期以降も、

表１　播磨国清水領知の村名・村高（文政期）

郡	村名	村高（石）	郡	村名	村高（石）
加東郡	河合中村	790.0130		下若井村	504.3780
	下曾我井村	468.2280		上万願寺村	424.5140
	上曾我井村	375.2920		下万願寺村	249.5200
	野村	160.6848		東鴨谷村	168.7320
	社村	994.7780		西鴨谷村	308.4400
	西古瀬村	820.4180		小計	3222.6110
	小計	3609.4138		東南村	169.1440
加西郡	常吉村	385.3450		西南村	336.3380
	繁昌村	989.8150		野条村	128.9480
	別府村	701.3750		琵琶甲村	122.1880
	又蔵新田	9.8450		東長村	117.4130
	九兵衛新田	6.4130		玉野新家村	68.8430
	牛居村	146.7000		西野々村	264.5780
	田原村	125.6880	加西郡	池上村	269.3450
	上野村	426.4420		満久村	307.8690
	東笠原村	335.8370		嶋皮多	164.6840
	野田皮多	178.7500		篠倉村	314.2460
	西長村	249.5820		桑原田村	367.4010
	中山村	93.9080		河原村	293.8370
	大柳村	91.6600		五領新田	25.5370
	中西村	159.8900		朝妻村	706.5250
	戸田井村	192.3910		豊倉村	527.6430
	段下村	160.0130		鶉野新家村	190.8710
	東釼坂村	742.9480		下宮木村	240.4370
	小計	4996.6110		玉野村	552.4460
	南殿原村	255.5090		都染村	474.7020
	殿原村	486.0540		中野村	458.6840
	大内村	320.7490		大村	255.9530
	佐谷村	319.0550		小計	6357.6320
	上若井村	185.2600		合計	18186.2678

山﨑善弘『近世後期の領主支配と地域社会』第１章所収の表５をもとに作成。

「取締役」の機能の中で同政策の運営が最も重視されたことから、以下では主に社倉政策との関連で「取締役」制を見ることにします。

播磨における清水領知での組合村の編成は**表1**の通りですが、史料的制約から文政期のものを示しています。組合村にはそれぞれ名称が付けられていたようですが、ほとんど判明しないので省略しました。しかし、基本的に小計で区切った村々を単位に組合村が編成されていたようです。組合村の編成は時期によって異同がありましたが、これらを基本として大きな変更は加えられませんでした。これらの組合村ごとに、統括者として寛政期（一七八九～一八〇一）には組合中取締役が設置され、彼らの指示の下、各村の村役人が村内の支配を担ったのです。

表1からもわかるように、清水領知での組合村編成は寛政改革期に限定されたものではありません。その後、幕領への支配替えを間に挟みながらも幕末まで継続されました。そして、組合村を管轄する村役人も取締惣代（単に惣代とも）→社倉見廻役→社倉見廻役兼取締役と名称を変えながら、設置され続けたのです。そして、それらの村役人は地主・豪農から任命されたのでした。その典型が三枝五郎兵衛でした。

寛政五年三月、御下穀（領主による穀物の下賜）と備窮《びきゅうそう》倉の設置が行われると共に、備窮倉は各組合村を単位にして、組合中取締役によって運営されました。備窮倉設置の目的は、凶作に備え、平常時には貧民などを救済することにありましたが、その運営者として組合中取締役が設置されたのです。備窮倉の運営については、穀類貸与へ至る過程がほとんど組合中取締役に任されており、彼らは各村の村役人と共に貧民などの困窮の様子を確認した上で、川口代官所に申請し、同代官所がその決定を下すということになっていました。

備窮倉への積穀《つみこく》は、領主による御下穀と、百姓による穀類積立によって構成されていましたが、前者は呼び水程度のものでしかなく、積穀は百姓自ら、特に地主・豪農の負担で行われることになっていました。

当初、加東郡六カ村組合（河合中村・下曾我井《しもそがい》村・上曾我井《かみそがい》村・野《の》村・社《やしろ》村・西古瀬《にしこせ》村）の組合中取締役には河合中村の庄屋重兵衛が任命されましたが、その間、二七代五郎兵衛は寛政五年に籾《もみ》三〇石を積穀するなど、ほかの地主・豪農よりも格別に積穀していました。

ちなみに、寛政五年一〇月一六日の『御積穀籾請取帳』によると、加東郡六カ村組合では籾と稗《ひえ》が積穀されましたが、籾を例にとると、全積穀量一四二石一斗九升のうち、村納分（一般百姓からの積穀をまとめたものと思われます）は計六石六斗だけで、御下穀も一八石二斗だけでした。これに対し、地主・豪農をはじめ、富裕者による積穀が計一一七石三斗九升と大部分を占めています。このうち、五郎兵衛は一〇石を積穀していますが、これとは別に、川口代官所からの求めに応じて二〇石を積穀したのです。

その後、寛政七年（一七九六）に清水領知は収公されて幕領へと支配替えになりますが、備窮倉は社倉と改められ、組合中取締役も取締惣代として継承されました。その間、河合中村の庄屋に就任していた五郎兵衛は格別に出穀し、文化三年〜七年（一八〇六〜一〇）に限っても米四〇七石を出穀しています。そして、遅くとも文政三年（一八二〇）以降、加東郡六カ村組合の取締惣代は二八代五郎兵衛が務めていたことが判明します。この背景には、化政期における三枝家の豪農としての成長がありました。具体的にいえば、同家は従来から富の社会的還元を一村に留まらない範囲で行っており、豪農としての成長に合わせてその規模も大きくなっていきました。先に見た備窮倉・社倉への飛び抜けた出穀量がそのことをよく示しています。そして、豪農としての地域での統括力は、領主側にとって魅力的でした。組合村の統括者に相応しい地域での統括力、そして、何よりその強大な財力を制度的に利用しようとする幕府代官の思惑があったのです。

回社倉政策の運営に尽力する

文政七年（一八二四）に清水領知は復活しますが、その後も幕領期の社倉は継承され、取締惣代も社倉見廻役として継承されることになりました。この名称からしても、いかに社倉政策が重視されていたかがわかるでしょう。

しかし、文政末期から天保期（一八三〇〜四四）にかけて、社倉をめぐる問題が年々深刻化していきました。文政九年（一八二六）に五郎兵衛は社倉見廻役に任命されますが、そうした中で、彼は社倉政策の運営に尽力することになるのです。

例えば、幕領期の文政六年（一八二三）、凶作のために社倉穀の大半が放出されました。**表2**は、清水領知から支配替えになった大和・和泉・播磨の幕領の社倉穀の貸付仕訳を示したものです。米につ

表２　大和国・和泉国・播磨国幕領の社倉穀貸付仕訳

	米	籾	麦	稗
貸付高	1431.42741	1033.56280	359.53610	39.20000
残高	0.06000	232.62780	16.40040	34.99000
総石高	1431.48741	1266.19060	375.93650	74.19000

単位は石。
山﨑善弘『近世後期の領主支配と地域社会』第４章所収の表7-(1)をもとに作成。

いては総石高一四三一石余の中のほとんどが貸し下げられてしまっており、残高は僅か六升しかありません。籾・麦・稗についても大半が放出されてしまったことがわかります。組合村単位の社倉穀の貸付状況までは判明しませんが、どの社倉でも大半の穀物が放出されたことは間違いないでしょう。ここで問題となるのは、その返済がままならなかったことです。そのため、領主は文政九年に改めて社倉の法を命じ、翌一〇年（一八二七）には社倉積穀に加えて社倉貸付金仕法を施行しました。この仕法でも「身分相応」の出資が求められ、それによって「御貸付金高も相増し、社倉積入れ高も年を経ずして充満いたし、早々永久の御備え相立ち、郡中一同の安堵ニ至るべき事」が目論まれたのです。つまり、特に地主・豪農の出資に頼ることで、社倉貸付金を多く積み立て、それをもって社倉穀を早々に充満させ、「永久の御備え」として清水領知の凶作などに備えようというプランです。この出資金の徴収については、社倉見廻役がその任にあたるものとされました。

この結果、播磨国の清水領知では、**表3**に示したような出資の申し出がありました。一見してわかるように、清水領知の全村を対象としたにしては極めて人数が少ないにもかかわらず、出資額が多額です。そこで、判明

表３　社倉貸付金出資状況

	出資者		出資額	所持石高
	村名	名前		
1	河合中村	五郎兵衛	115両	400石余（天保２年）
2	中野村	忠蔵	75両	49石余（天保４年）
3	繁昌村	金右衛門	75両	37石余（天保元年）
4	中野村	吉太郎	60両	45石余（天保４年）
5	牛居村	兵左衛門	35両	?
6	繁昌村	紋次郎	20両	28石余（文化10年）
7	西野々村	善太夫	20両	?
8	南殿原村	徳兵衛	15両	?
9	南殿原村	忠七	15両	?
10	繁昌村	甚蔵	10両	26石余（文政10年）
11	繁昌村	嘉助	10両	30石余（文政８年）
12	繁昌村	吉太夫	10両	?
13	常吉村	太右衛門	10両	32石余（天保３年）
14	常吉村	善七	10両	?
15	別府村	伊七郎	10両	?
16	朝妻村	惣太郎	10両	?
17	下若井村	嘉太夫	10両	?
18	西古瀬村	儀兵衛	10両	?
19	西古瀬村	治兵衛	10両	?
合　計			530両	

山﨑善弘『近世後期の領主支配と地域社会』第４章所収の表５をもとに作成。

する限りでそれぞれの所持石高を示すと、いずれの出資者も相当の高持であり、地主・豪農による出資だったことが窺えます。中でも１の五郎兵衛と７の善太夫、13の太右衛門はいずれも社倉見廻役で、彼らの出資額を合計すると一四五両です。また、17の嘉太夫の出資額のうち五両は善太夫が肩代わりしており、それを加えると合計一五〇両（約九〇〇万円）になります。これは、播磨国清水領知での全出資金額五三〇両に占める割合でいうと、約三〇%に達します。さらに、五郎兵衛は川口代官所からの要請で、加えて銀二一貫七三〇匁《もんめ》（約二一七三万円）も出資しています。このことの意味は小さくありません。最高額を出資した五郎兵衛の例に象徴されるように、領主は特に有力な地主・豪農を社倉見廻役に任命し、彼らの財力にもたれ掛かることによって、社倉政策の維持に努めようとした、という傾向を読み取ることができるのです。

こうして集められた資金は、基本的に中位以上の百姓を対象に利貸しすることによって増殖され、それをもって社倉積穀の充実が図られました。この社倉貸付金仕法についても社倉見廻役にほとんど任されており、金銀の拝借を願う者は、五郎兵衛をはじめ社倉見廻役の吟味を受け、同役の申請を受けた上で川口代官所は金銀貸付の決定を下すことになっていたのです。

回播磨国清水領知五三カ村を管轄する——百姓から武士へ

社倉政策は「取締役」の機能の中で最も重視されましたが、もちろん、「取締役」はそれ以外の機能も果たしました。**表4**によってそれらを概観しておきましょう。これは、清水領知復活後の天保三年（一八三二）に、川口代官の小林金之助が大和・和泉・播磨の社倉見廻役の活動内容を簡潔にまとめた、江戸にいる清水家の当主斉彊《なりかつ》への報告書をまとめたものです。この報告書には、彼らが取締惣代だった頃の活動内容も記されており、併せてまとめています。五郎兵衛に限らず、ほかの取締惣代と社倉見廻役もまた、同様の機能を有していたことがわかります。組合中取締役の設置以来、取締惣

表４　大和国・和泉国・播磨国清水領知の社倉見廻役の所持石高（天保３年）と機能

国　郡　村	社倉見廻役	所持石高	機能
大和国山辺郡九条村	左一郎(56歳)	150石余	定免制施行、年貢減免闘争の阻止
式上郡三輪村	弥右衛門(42歳)	?	定免制施行
和泉国大鳥郡上石津村	深江次郎右衛門(71歳) 弥太郎(41歳)	129石余	公事訴訟・諸願いの取扱、年貢減免闘争の阻止、社倉の運営、定免制施行、貧民救済
赤畑村	清左衛門（46歳）	233石余	出入の仲裁
泉郡坪井村	沢 久太夫(52歳)	430石余	貧民救済、社倉の運営
播磨国加東郡河合中村	五郎兵衛(33歳)	400石余	年貢減免闘争の阻止、社倉の運営、定免制施行、貧民救済、新田開発
西古瀬村	理兵衛(59歳)	62石余	年貢減免闘争の阻止、新田開発
加西郡南殿原村	源左衛門(50歳)	16石余	公事訴訟・諸願いなどの取扱、年貢減免闘争の阻止、新田開発、定免制施行、出入の仲裁
常吉村	太右衛門(53歳)	32石余	新田開発
西野々村	善太夫(56歳)	?	?

山﨑善弘『近世後期の領主支配と地域社会』第２章所収の表２をもとに作成。

代と社倉見廻役も同様の機能を果たしてきたので、これを踏まえれば、「取締役」の機能は次の八点にまとめることが可能です。①社倉の運営、②村方騒動や年貢減免闘争の展開阻止、③定免制《じょうめんせい》施行、④争論の仲裁、⑤新田開発、⑥貧民救済、⑦訴訟・諸願いの取り扱い、⑧出入り（揉め事）の仲裁、です。

なお、報告書には、各々が特に尽力した活動がまとめられており、各々の活動が網羅的に記されているわけではありません。例えば、社倉見廻役については、その名の通り社倉政策の運営を主としており、報告書に記されていない場合でも、当然その運営には携わっていました。そのこととも関わるのでしょう、翌天保四年（一八三三）には、社倉見廻役は取締役を兼任することになります。必ずしも全員が社倉政策の運営に尽力していない現状を見て、領主は、基

図１　三枝五郎兵衛肖像

山﨑善弘『近世後期の領主支配と地域社会』より。

本的に前者が社倉政策の運営を、後者がその他の機能を果たす役としたのです。同一人物が二つの役を兼任する形ですが、当時の清水家による地域支配の姿勢を端的に物語っているといえます（取締役は社倉政策の運営にもかなり関わっており、社倉見廻役と取締役の職務分担は、実際にはあまり明確ではありませんでした）。

こうした動向の中で、天保四年には五郎兵衛も取締役を兼任することになりました。そして興味深いのは、彼が天保九年（一八三八）に「永々帯刀」を許可され、さらに同一四年（一八四三）には徒格《かちかく》・社倉見廻役兼取締役頭取に任命されたことです。この時点で彼は、清水家の家来として扱われることになり（**図１**）、自らの管轄する組合村と共に、ほかの社倉見廻役兼取締役の統括者として、郡中＝播磨国清水領知全体五三カ村（時期により増減がありますが、天保一四年以降は五三カ村に落ち着きます）をも管轄領域とすることになったのです。

表５は、天保期の組合村の編成を示したものです。文政期のものとそれほど大きく変わるわけではありませんが、当該期の各組合村には、社倉見廻役兼取締役の名を冠した名称が付けられており、どの社倉見廻役兼取締役がどの組合村を管轄していたのかが一目瞭然です。加東郡では河合中村の三枝

表5　播磨国清水領知の組合村構成（天保期）

郡	組	村名	村高（石）	郡	組	村名	村高（石）
加東郡	五郎兵衛組	河合中村	790.0130	加西郡	源左衛門組	上若井村	185.2600
		下曾我井村	468.2280			下若井村	504.3780
		上曾我井村	375.2920			上万願寺村	424.5140
		小計	1633.5330			下万願寺村	249.5200
	理兵衛組	野村	160.6848			東鴨谷村	168.7320
		社村	994.7780			西鴨谷村	308.4400
		西古瀬村	820.4180			小計	3222.6110
		小計	1975.8808		善太夫組	東南村	169.1440
加西郡	太右衛門組	常吉村	385.3450			西南村	336.3380
		繁昌村	989.8150			野条村	128.9480
		別府村	701.3750			琵琶甲村	122.1880
		又蔵新田	9.8450			東長村	117.4130
		九兵衛新田	6.4130			玉野新家村	68.8430
		牛居村	146.7000			西野々村	264.5780
		田原村	125.6880			池上村	269.3450
		上野村	426.4420			満久村	307.8690
		東笠原村	335.8370			嶋皮多	164.6840
		野田皮多	178.7500			篠倉村	314.2460
		西長村	249.5820			桑原田村	367.4010
		中山村	93.9080			河原村	293.8370
		大柳村	91.6600			五領新田	25.5370
		中西村	159.8900			朝妻村	706.5250
		戸田井村	192.3910			豊倉村	527.6430
		段下村	160.0130			鶉野新家村	190.8710
		東釼坂村	742.9480			下宮木村	240.4370
		小計	4996.6110			玉野村	552.4460
	源左衛門組	南殿原村	255.5090			都染村	474.7020
		殿原村	486.0540			中野村	458.6840
		大内村	320.7490			大村	255.9530
		佐谷村	319.0550			小計	6357.6320
				合計			18186.2678

山﨑善弘『近世後期の領主支配と地域社会』第5章所収の表2をもとに作成。

五郎兵衛と西古瀬村の岸本理兵衛《りへえ》、加西郡では常吉《つねよし》村の吉田太右衛門《たえもん》と南殿原《みなみとのはら》村の青山源左衛門《げんざえもん》と西野々《にしのの》村の阿部善太夫《ぜんだゆう》が、居村《きょそん》を含む組合村を管轄していたことがわかります。そして、五郎兵衛以外の社倉見廻役兼取締役も、一代帯刀や三代苗字帯剣など一時的に武士身分へ編入されていたのです。

播磨国の清水領知における地域支配体制の特徴を、天保一四年以降についていえば、組合別に一時的に武士身分へ編入された社倉見廻役兼取締役が配置され、その統括者として完全に武士身分へ編入された社倉見廻役兼取締役頭取の三枝五郎兵衛が存在するというものでした。このようなヒエラルキーを伴いながら、農村内に武士が居住することになったのです。

◎郡中規模での社倉政策の運営

この新たな地域支配体制は幕末まで継続されました。そこで最も注目されるのは、完全に武士身分に編入された社倉見廻役兼取締役頭取の三枝五郎兵衛の機能です。彼は自らの管轄する組合村を越え、郡中をも管轄領域とすることになりましたが、このことは、武士としての五郎兵衛に新たな機能が加わったことを意味していました。

武士としての五郎兵衛の機能は多岐にわたります。その一つが郡中規模での社倉政策の運営です。

幕末の清水領知では社倉穀の拝借が相次いでおり、五郎兵衛にとっては、これら社倉穀の返納を把握・管理し、「永久の御備え」として社倉政策を維持することが重要な課題となっていました。そこで彼は、毎年『社倉穀出納帳』を作成しています。例えば、嘉永四年（一八五一）の出納帳には、嘉

表6　嘉永3年の籾借用高と同4年の返納高

郡	組	村名	借用高	返納高
加東郡	河合中村組	社村	25.0	5.00
		西古瀬村	25.0	5.00
		野村	5.0	1.00
		下曾我井村	10.0	2.00
		上曾我井村	10.0	2.00
		河合中村	25.0	5.00
		小計	100.0	20.00
加西郡	南殿原村組	南殿原村	6.0	1.20
		段下村	4.5	0.90
		戸田井村	5.8	1.16
		東南村	3.0	0.60
		大内村	13.0	2.60
		中西村	9.1	1.82
		東鴨谷村	6.9	1.38
		佐谷村	10.9	2.18
		殿原村	13.2	2.64
		東釼坂村	14.8	2.96
		野条村	5.5	1.10
		大柳村	4.4	0.88
		琵琶甲村	3.6	0.72
		野田皮多	11.0	2.20
		玉野新家村	5.5	1.10
		東笠原村	7.2	1.44
		西長村	12.2	2.44
		東長村	2.8	0.56
		中山村	4.6	0.92
		朝妻村	13.4	2.68
		大村	5.6	1.12
		牛居村	10.9	2.18
加西郡	南殿原村組	田原村	5.1	1.02
		鶉野新家村	15.6	3.12
		豊倉村	13.0	2.60
		玉野村	16.2	3.24
		下宮木村	11.2	2.24
		小計	235.0	47.00
	西野々村組	西野々村	4.2	0.84
		下万願寺村	11.5	2.30
		上万願寺村	13.5	2.70
		下若井村	19.5	3.90
		上若井村	12.5	2.50
		五領新田	2.3	0.46
		嶋皮多	5.3	1.06
		河原村	6.5	1.30
		篠倉村	11.0	2.20
		池上村	6.2	1.24
		西鴨谷村	9.5	1.90
		西南村	7.5	1.50
		上野村	6.5	1.30
		満久村	6.0	1.20
		小計	122.0	24.40
	常吉村組	常吉村	12.5	2.50
		桑原田村	10.0	2.00
		都染村	12.5	2.50
		中野村	20.0	4.00
		別府村	20.0	5.00
		繁昌村	30.0	6.00
		小計	105.0	22.00
合計			562.0	113.40

単位は石。
山﨑善弘『近世後期の領主支配と地域社会』第6章所収の表3をもとに作成。

表7　社倉穀の借用限度石数

村名	籾（石）
西野々村	8.0
池上村	8.0
河原村	9.0
西鴨谷村	9.0
篠倉村	9.5
上野村	13.0
西南村	10.0
上若井村	5.5
下若井村	15.0
上万願寺村	13.0
下万願寺村	7.5
満久村	9.0
五領新田	1.0
嶋	5.0

『加西市史』第2巻所収の表40をもとに作成。

永三年（一八五〇）に郡中へ貸与された籾の石高がまとめられています。この社倉穀の返納は嘉永四年から五カ年賦ですでに始まっており、この出納帳には嘉永四年分の返納籾の石高も記されています。それを示したものが**表6**です。五三カ村で五六二石の籾が貸与され、一一三石四斗が返納されたことがわかります。

つまり五郎兵衛は、組合村単位の社倉政策を郡中規模で統括する立場にあったのです。その結果、彼は毎年、各社倉にどれだけの穀物が納められているのかを把握することができました。

こうした作業は、五郎兵衛の職務上、大きな意味を持っていました。彼は郡中の社倉穀の貸与を指示することもあったからです。例えば、嘉永四年八月一一日に、彼は加西郡西野々村など一四カ村の村役人宛てに廻状《かいじょう》（村々へ回覧させた文書）を出し、当時は端境《はざかい》期（米が品薄になる時期）で一般百姓が難渋しているため、社倉穀を貸与してしかるべきであるとし、西鴨谷《にしかもだに》村と下万願寺《しもまんがんじ》村の両社倉などから**表7**に示す石数までなら社倉穀を出しても構わないと述べています。さらに、少々の増減があってもよいので、表7の割合で勝手次第に社倉穀を出すようにとも述べています。

このことから、五郎兵衛は、郡中の状況によって社倉穀の貸与を独自に判断できる権限を持っていたこと、また、各村の借用限度石数の決定権をも持っていたことがわかります。こうした権限は本来、川口代官所が一元的に保持していたものでした。武士である五郎兵衛は、川口代官所の出先機関として、その権限を分与されていたのです。

回農村の諸調査と余業取り締まり策の実施

このほかにも五郎兵衛は、清水領知に幕府の天保改革が及ぶ中で、農村の諸調査に関わっています。播磨国の清水領知では天保一二年（一八四一）以降、各村の農業経営規模と余業（百姓が農業以外に行った各種の賃稼ぎや営業）の実態が調査されましたが、五郎兵衛が天保一四年に社倉見廻役兼取締役頭取に任命されて以降、それらの諸調査や、それに基づく余業取り締まり策（抑商政策）は彼の主導の下で展開しました。

天保一二年、川口代官所から播磨国清水領知に対し、いくつかの倹約令が発せられています。そのうち、最も包括的な八月一九日令の前書きを掲げましょう。

近年奢侈《しゃし》超過いたし、衣類・飲食・住宅其の外諸道具ニ至る迄身分不相応美麗を尽くし候より一統困窮に及び、自ずからラ貪欲深く、銘々自己の業体のみニては経営成り難く、農業を等閑、利欲のため余業を起こし、百姓の体相を失ひ、不埒の事ニ相聞こえ候、此のたび諸向き質素倹約相守るべき旨厳敷く仰せ出だされ候ニ付いては、村々組合限り申し合わせ、万事格別省略いたし、驕り《が》ケ間《ま》敷《し》き儀これ無き様、衣服其の外五人組帳前書きの趣急度《きっと》相守り、本業耕作専一ニ致すべき事（付記略）

つまり、近年は百姓が衣食住、そのほかの諸道具に至るまで、身分不相応に奢侈な生活を送るために困窮し、農業だけでは経営が成り立ちがたく、農業を等閑にして余業を始め、百姓の体相を失っていることに対し、組合村単位で申し合わせて農業専一に戻るよう命じられているのです。

このようなことが命じられた背景には、農村において商品・貨幣経済が進展し、それに伴って、奢侈な生活を送る百姓が現れてくると共に、余業の展開と脱農化の現象が顕著となり、農業労働力の不足とその確保の問題を引き起こしていた、という社会状況が挙げられます。このような状況は、徳川時代後期において全国的に見られたものでした。そして、このような状況に対して、同令では余業を規制し、本百姓体制の解体を防ぐことに重点が置かれているのです。

播磨国清水領知での天保改革においては、倹約令は単に倹約令そのものとしてだけではなく、農村における諸調査と密接に関連して発せられたところに特徴がありました。すでに見た八月一九日令の一・二・八条の内容を見てみましょう。

まず一条では、百姓が商売に携わることを厳禁しています。ただし、病身で農業をし難い者については、その商売の内容などを記した文書に村役人が調印し、その上で取締役へ提出、そして取締役は、それらを組合村限りの帳面に仕立て、毎年三月に提出するよう命じられています。続いて二条では、多人数を召し抱え、また雇い入れて山海の稼ぎなどを行っている者がいれば、その稼ぎの様子などを明らかにし、これまた村役人から取締役へ報告し、一条の帳面に書き加えて提出するよう命じられています。そして八条では、百姓は男女共に一五歳以上、六〇歳以下の者は田畑二反以上を作付けすることが命じられるのです。これについても、毎年春秋の彼岸中に村役人が調査し、所持田畑などを詳しく帳面に記すことになっています。

このように、倹約令は、農村における余業調査や作付け調査、さらに労働力調査と密接に関連して発せられました。そして、これら諸調査は、取締役を中核に行われることになっていたのです。

実際、右の三カ条を受けて、天保一二年をはじめ、同一三年（一八四二）・弘化二年（一八四五）・嘉永七年（一八五四）には、各村における農業経営規模と余業の実態が調査されています。その結果、各年二～四月に作成されたのが、『作付反別其の他取り調べ書上帳』（史料によって若干名称は異なりますが、総称として用います）です。ただし、現存しているのは、三枝家に提出された嘉永七年の一八カ村（上万願寺村・下万願寺村・篠倉《ささくら》村・西鴨谷村・上野《うえの》村・西南《にしなん》村・上若井《かみわかい》村・下若井《しもわかい》村・池上《いけがみ》村・嶋皮多《しまかわた》・満久《まく》村・西野々村・河原《かわら》村・五領《ごりょう》新田《しんでん》・野村・上曾我井村・下曾我井村・社村）の分に限られます。これらは各村役人によって作成されたものですが、当初は取締役へ提出され、それらを取締役が組合村単位に帳面に仕立てた上で川口代官所へ提出していました。しかし、弘化二年以降は取締役から取締役頭取の三枝家当主へ提出されたのです。表5と対照するとわかるように、一八カ村は特定の組合村にのみ所属しておらず、取締役頭取の管轄する郡中の一部であることがわかります。史料的制約のあることは否めませんが、少なくとも弘化二年以降の諸調査は、三枝家を責任者として実施されたといってよいでしょう。

そして、この調査も単なる調査にとどまらず、具体的な農村政策へと結実していったのです。天保一二年段階では、諸調査の結果を踏まえ、取締役たちと川口代官所との間で調整の上、御触書をもって余業取り締まりを試みています。しかし、御触書だけでは、余業取り締まりのための十分な強制力とはなり得ませんでした。というよりも、当該期の播磨国、特に清水領知が存在する東播磨地方での商品・貨幣経済の進展は凄まじく、酒造・油稼ぎ・水車稼ぎ・質屋・材木屋・呉服屋・鍜冶《びょうかじ》・髪結い・小間物商売・出稼ぎ・出奉公など、枚挙に暇がないほど余業が展開していたのです。こうした現実を前に、以後の諸調査と、その結果に基づく余業取り締まり策では、本百姓体制の再建ではなく、できる限りの本百姓体制の維持が意図されるようになります。この政策意図をもたらしたのは取締役たちでした。地域の実情に精通していたからこそなし得た川口代官所への提案でした。

社倉政策の意図するところも、同様に変化したでしょう。本百姓体制が解体してしまえば、清水家は財源を確保することができません。したがって、本百姓体制のこれ以上の解体を防ぐために、粘り強い取り組みが必要でした。そうして、その後も諸調査と、その結果に基づく余業取り締まり策が展開したのです。

天保一三年、播磨国清水領知では早速、再調査が行われ、その結果に基づく余業取り締まり策が展開しています。

例えば天保一三年一二月に、上曾我井村の出稼ぎ・出奉公人から取締役の五郎兵衛へ帰村届が提出されています。再調査後、取締役たちは組合村内を廻村し、余業取り締まりを行っていたのですが、五郎兵衛は当村で出稼ぎ・出奉公人が少なからず存在することを問題視したのです。そうして、出稼ぎ・出奉公人を帰村させた上で、農業出精を誓わせたのです。帰村届には市兵衛・藤作・文蔵をはじめ、一一名が連署しており、一定の成果を上げていたことがわかります。

ところで、五郎兵衛は天保一四年以降、取締役頭取として、諸調査や、それに基づく余業取り締まり策を主導することになります。次の諸調査は弘化二年に実施されますが、天保一三年の諸調査実施後の余業取り締まり策は継続していました。したがって、弘化二年を待たず、すでに五郎兵衛は一連の政策の責任者として主導性を発揮していたのです。次に、そのことを示す事例を掲げましょう。

天保一四年一二月、社村の百姓九五名から五郎兵衛へ一札《いっさつ》が提出されています。それには、「今般村々百姓作付け反別御取り調べ御座候処、私共儀作付け場所これ無く、(中略)何共恐れ入り奉り候」とあります。つまり、村々の農業経営規模が調査されたが、自分たちが田畑を所持していないことについて謝罪しているのです。社村は在郷町であり、播磨国清水領知内で最も経済的に発展していた村でした。同村では多くの余業が存在し、九五名もが余業を生業として、もはや百姓の体をなさない存在となっていたのです。調査の結果、そのことが露わとなり、五郎兵衛から咎められた彼らは、「此ののち出精、小作たり共随分相稼ぎ、農業ニ差しはまり申したく存じ奉り候」と誓っています。今後は小作であっても随分農業に出精すると約束しているのです。

ここで注意したいのは、表5から明らかなように、社村は五郎兵衛の組合村内には含まれていないことです。先に見た上曾我井村は、五郎兵衛の組合村内に含まれており、天保一三年時点では、自らの管轄する組合村内の余業取り締まりを行っていたのです。天保一四年を境に、彼は郡中を管轄するようになり、特に余業取り締まりが困難な村々については、自らの管轄する組合村を越えて余業取り締まりに乗り出すことになったのでした。

続けて社村を例にとれば、右の九五名の約束は十分果たされなかったため、翌天保一五年（一八四四）三月以降、五郎兵衛は同村の調査を独自に開始し、再度取り締まりを行っています。例えば四月に、無作人一九名に改めて農業出精を誓わせ、以後、無作のままであることが判明すれば川口代官所に差し出すと申し渡しています。また、作付け場所が決まれば村役人を通じて五郎兵衛へ報告させ、彼が確認のために取り調べを行うことにもしていました。

このほかにも多くの事例がありますが、社倉見廻役兼取締役頭取に就任して以降、五郎兵衛は取締役頭取として、以前にも増して妥協のない姿勢で取り締まりに臨んでいたといえます。「農」から「士」への身分変化も、彼の姿勢に大きく影響していることは間違いないでしょう。

嘉永七年の諸調査後には、五郎兵衛は「右体のもの（余業人）これ有るに於いては、急度沙汰せしむべき条、都《すべ》て最前申し渡し置き候趣意相崩れざる様精々心付け」るよう郡中村々に御触書を廻達し、村々から請書を取っています。余業人がいれば、必ず沙汰（この場合、物事の善悪・是非などを論じ定めること）するので、これまで申し渡した趣旨をきちんと守るよう命じ、しかも、それを御触書の形で発して請書まで取っているのです。五郎兵衛は、まさに川口代官所の出先機関として、政策を実現に導こうとしていたのです。

回裁判を行う

五郎兵衛は、余業人がいれば沙汰すると述べていますが、沙汰は裁判を意味することもあります。実際、彼は裁判権をも行使していました。

五郎兵衛が裁判権を行使していたことを示す証左は、何といっても五郎兵衛に宛てられた訴状の存在です。そこで、それらを示しながら、彼が裁判を行っていた実際を見ることにしましょう。

恐れ乍ら嘆訴申し上げ奉り候
取り込み出入り

加東郡下曾我井村
願人　政五郎㊞
加西郡朝妻村
源右衛門
相手　倅　吉　蔵

右の者共、上曾我井村三郎太夫方え出入り致し、菜種買い入れ仕り候に付き、私シ手作の種売り払い呉れ候様申す、尤も代銀は上曾我井村富蔵方え同道致し呉れ候得ば、仕切書差し添え、代銀相渡シ呉れ申すべき約束ニて、先月三日菜種七斗五升、則ち吉蔵へ相渡シ、同道仕るべきの処、私シ老母病気ニ付き一旦相返し、直ぐ様罷り越し候処、右富蔵同村儀三郎方え出ばり致し、其の種取り隠し候由、（中略）右ニ付き先方親元並びニ富蔵方へ掛け合い仕り候得共、我意ヲ申し立て、一向取り合い呉れ申さず、最早下ニて仕るべきは御座無く候ニ付き、恐れ乍ら願い上げ奉り候、何卒右の者共御召しなさせられ、御糺しの上、取り込み候菜種相返シ呉れ候様仰せ付け下し置かせられ候ハヾ、広大の御慈悲有り難き仕合わせニ存じ奉り候、以上、

加東郡下曾我井村

願人　政五郎㊞

嘉永二年

酉七月

右の通り願い出で候ニ付き、恐れ乍ら奥印仕り候、以上、

庄屋

兵　蔵㊞

三枝五郎兵衛様

この訴状は、嘉永二年（一八四九）七月に、下曾我井村の政五郎が朝妻《あさづま》村の源右衛門倅吉蔵を相手取って、菜種の取り込み（だまし取ること）出入りの裁定を五郎兵衛へ訴えたものです。一般の取締役も出入りの仲裁を行うことはありましたが、この場合は仲裁ではなく、訴状をもって原告（政五郎）

が被告（吉蔵）を相手取り、裁判の執行を求めているのです。末尾で、下曾我井村の庄屋兵蔵が政五郎の訴状を取り次ぐ形は、百姓から武士へ訴訟する際の決まり事でした。五郎兵衛は間違いなく、武士として裁判権を行使することを求められていたのです。

訴状によると、吉蔵が政五郎の栽培した菜種を購入したいと申し入れ、政五郎は六月三日に菜種七斗五升を吉蔵へ渡しています。代銀については、吉蔵が菜種の買い付けのために出入りしている上曾我井村の富蔵から支払う旨を、政五郎に約束していました。しかし、代銀が支払わることなく、政五郎は菜種をだまし取られたのでした。

五郎兵衛はこの訴状を受けて早速裁定に乗り出し、八月一九日に富蔵とその取り巻きや、上曾我井村の村役人まで呼び出し、説得した上で、一一月末までに政五郎へ菜種を返却することを約束させています。なお、政五郎は吉蔵を訴えましたが、最終的に菜種をだまし取ったのは富蔵でした。そのためか、五郎兵衛は吉蔵を表立って叱責しなかったようです。これは五郎兵衛の政治的判断といえるでしょう。

もう一例、さらに興味深い事例を示しましょう。

恐れ乍ら御訴訟

日雇銀先渡し滞り御願い

一柳土佐守様御領分

同州同郡門前村
神明神主
願人榎倉大和

清水様御領知
同州同郡社村
請人
相手久　吉
本人
同　久　八

右社村久吉、請人ニ相立ち、同村久八と申す者、当正月より壱ケ月ニ廿八日宛日雇約束仕り、別紙の通り慥《たしか》成る証文これ取り、銀子百九拾壱匁五分弐り相渡し候、然ル処当九月より居村え罷り帰り相勤め申さず、これに仍り毎度掛け合い及び候得共、今ニ不参仕り罷り在り候ニ付き、拠《よんどころ》無く願い上げ奉り候、何卒右相手御召し出し、勘定差し引き百八匁八分七厘早々持参仕り候様仰せ付けさせられ成し下され候ハヾ、広大の御慈悲有り難く存じ奉り候、以上、

弘化二乙巳年十一月
願人
榎倉大和㊞
代　忠兵衛㊞

同村庄屋

右の通り願い上げ奉り候ニ付き、恐れ乍ら奥印仕り候、　佐兵衛㊞

河合中村
　御役所

この訴状は、弘化二年一一月に、小野藩領加東郡門前《もんぜん》村の神明神主榎倉大和が社村の請人久吉と日雇久八を相手取り、久八へ先渡しした給銀のうち、勤務放棄に伴う差し引き銀の返還を求めたものです。すなわち、大和は久吉を請人として、久八を弘化二年一月から日雇として雇用することにし、賃銀一九一匁五分二厘を先渡ししたのでした。期間を決めた雇用で、その期間内の賃銀全額を先払いしたようです。しかし、久八は九月から居村に帰って出勤しなくなってしまいます。そこで大和は何度も久八に掛け合いますが、結局久八が出勤することはありませんでした。そこで何ともし難く五郎兵衛に訴え、久吉と久八を召喚の上、差し引き銀一〇八匁八分七厘を返還するよう命じてほしいと願っているのです。

この訴状の宛先は「河合中村御役所」となっていますが、これは五郎兵衛の居宅のことです。五郎兵衛の居宅が役所として機能していたということは、彼が川口代官所の出先機関として機能していたことを裏づける事実です。彼は同代官所の出先機関として、裁判権をも行使していたというわけです。ところで、庄屋の仕事を見る中で、三枝家居宅が河合中村庄屋所などと称されていることに注目しました。河合中村庄屋所と河合中村御役所は同じ三枝家居宅なのですが、庄屋家としての三枝家の居宅を指す場合は河合中村庄屋所など、取締役頭取としての三枝家の居宅は河合中村御役所、または御取締役所と称され、厳密に区別されていました。先に私は、庄屋家は村の総合庁舎のごとき役割を果たしていたと指摘しましたが、河合中村御役所などと称する場合の三枝家居宅は、まさに郡中の総合庁舎としての役割を果たしていたといえるでしょう。後者はあくまで「役所」なのです。武士としての五郎兵衛の仕事をいくつか見てきましたが、彼は同役所を拠点に郡中を治めていたのです。

庄屋、そして「取締役」、その中でも最終的には武士として郡中＝播磨国清水領知全体を管轄した三枝家二七・二八代の当主が果たした仕事を見てきました。三枝家二七・二八代の当主が果たした仕事は多岐にわたり、本章では主なものに限って見たにすぎません。それでも、三枝家二七・二八代の当主が、庄屋はもちろん、特に「取締役」就任以降は、領主支配の実質的な部分を担っていたことが承知されるでしょう。これはひとえに、清水領知の支配体制が脆弱であり、その体制を補うため、村役人に期待せざるを得なかったからです。

何といっても、川口代官所は大和・和泉・播磨にまたがる領知を支配しなければなりませんでした。範囲が広すぎる上に、大坂に存在する同代官所には到底可能なことではありません。そこで当初、同代官所は庄屋に頼っていましたが、幕府の寛政改革が及んだのを機に「取締役」制を創出し、また新規に組合村も編成し、同代官所は彼らを通じて村々を支配していったのです。徳川時代後期には、「取締役」のような広域行政を担う村役人が他領でも広く設置されましたが、右の事情から、清水領知では特に重視され、「取締役」は領主支配機構内において重要な位置を与えられており、彼らなくして大和・和泉・播磨三カ国領知での清水家の支配を円滑に行うことは叶いませんでした。その極まるところが、二八代五郎兵衛が徒格・社倉見廻役兼取締役頭取へ任命されたことであり、彼は川口代官所の出先機関として、役所さえ構えて郡中支配の要となったのです。

そして、前章でも述べたことですが、「取締役」制の創出は、領主である清水家が敵対的な関係にある地主・豪農層と手を組む柔軟性を発揮した結果、なし得たのです。清水家は思い切って「取締役」たちに、本来川口代官所が保持する支配権の一部を委譲し、遂には五郎兵衛を、播磨国清水領知五三カ村を支配する武士としました。徳川時代の身分制度は、幕藩体制を維持するためには、時に例外的な運用を必要とし、清水領知を含む各領地で百姓に一代帯刀などの特権が与えられましたが、五郎兵衛の場合は、清水家の家来として完全に武士身分へ編入されました。彼は在地家臣として、ほかの「取締役」を指揮しながら播磨国清水領知を実質的に支配していたのです。地主・豪農層と手を組む柔軟さを超え、清水家は思い切った支配体制の改革をも実行したと評価できます。同様の改革は大和・和泉の清水領知でも行われました。その結果、川口代官所は脆弱な支配体制を克服することに成功し、支配を実現していくことが可能となったのです。

第四章◎播磨国姫路藩領の大庄屋三木家の仕事

回姫路藩大庄屋制と神東郡辻川組の大庄屋三木家

本書の最後で取り上げるのは、姫路藩領の大庄屋《おおじょうや》を務めた三木《みき》家です。前章と同じく播磨国が舞台ですが、本章では、これまで見たどの領主よりも領内支配機構がしっかりしている藩領が舞台です。

姫路藩は、一九九三年に姫路城が世界文化遺産に登録されたこともあり、最も有名な藩の一つといえるでしょう。しかし案外、姫路藩の歴史は知られていないのが現状です。姫路藩は譜代雄藩の一つで、当初の領知高は五二万石、元和三年（一六一七）以降はほぼ一五万石でした。減石したとはいえ、幕末まで大藩として強大な勢力を誇りました。こうした藩の場合は、第二章で見た幕領や第三章で見た御三卿領知のように諸国に散在しておらず、まとまりのある領地を持ち、そのことも手伝って、領内支配機構は基本的に強固なものでした。もちろん、姫路藩領の村々にも庄屋が置かれましたが、姫路藩の領内支配機構の要となったのは大庄屋制です。同藩の大庄屋は「組」と称する組合村を管轄する、文字通り庄屋の上位に位置する村役人でした。しかし、その就任にあたっては、庄屋であることが条件とはされませんでした。しかも、徳川時代前期から存在していました。しかし、当初の大庄屋制は強権的なものであったがゆえに、徳川時代後期には、藩によって制度的改変がなされるに至ります。

大庄屋は村役人であり、百姓から任命されたことに違いはありませんが、これまで見てきた広域行政を担う村役人とは少々性格が異なります。徳川時代後期になってから強権性が薄れはしましたが、基本的に自治を行うような性格（惣代性）は持たず、専ら藩権力の領内支配を担う藩役人的な存在でした。その意味では、前章で見た「取締役」に似ていますが、「取締役」の場合は、組合村議定を制定したり、組合村内の百姓たちを代表して川口代官所に訴願をしたりし、惣代性をまだ保持していました。確かに、姫路藩の大庄屋は、藩からは組の惣代として位置づけられていますが、それは行政単位である組の統括者という限りのもので、組内の百姓たちの利害を代表するといった性格のものではありませんでした。以下では、このような広域行政を担う村役人についても見ておきたいと思います。

さて、本章で例にとる三木家は、播磨国神東《じんとう》郡辻川《つじかわ》村に居宅を構えた大地主で、三代目の通仲（のち善政と改名。通称は甚右衛門）が元文二年（一七三七）に姫路藩から辻川組二一カ村の大庄屋に任命されて以後、代々の当主が大庄屋を務めました。

「義民滑《ぎみんなめら》 甚兵衛《じんべえ》」で有名な姫路藩の全藩一揆（播磨寛延一揆などともいわれます）が起こったのは寛延元年（一七四八）一二月のことで、神東郡に百姓一揆が波及したのは翌年一月末のことでした。当時の三木家当主は有敬（通称は武七郎）でしたが、この百姓一揆には打ちこわしが伴い、一揆勢は一月から二月にかけて大庄屋や庄屋の居宅を次々と打ちこわしたのです。

この百姓一揆全体で打ちこわしの対象となったのは大庄屋・商人・庄屋・百姓で、総計六〇軒とも五七軒ともいわれています。大庄屋が藩権力の末端に位置する村役人であることはいうまでもありませんが、そのほかの商人・庄屋・百姓たちの多くも、藩権力に直結していた御用商人・特権商人でした。この百姓一揆は、姫路藩松平家の失政に対する不満という全藩的に共通する理由で起こったのですが、それが藩権力に直結する大庄屋などに対する打ちこわしという形でも表れたのです。その不満の一つの表れが、一揆勢が大庄屋・庄屋の支配関係の書類を監査していることです。その結果、不正があれば、打ちこわしの対象になったのです。打ちこわしを免れた大庄屋は九人だったという記録が存在しますが、有敬もその一人でした。三木家が打ちこわしを免れたのは、一揆勢から見て不正がなかったからです。

全藩一揆は、領民が文字通り全藩的に、姫路藩政に「否」を突きつけた行動であり、そこで示された民意を姫路藩とて無視することはできませんでした。そうして、大庄屋制についても制度的改変がなされたのです。三木家が大庄屋として活躍するのは、それ以後のことです。

◎組村々への御触書の伝達

寛延二年（一七四九）に酒井氏が姫路に入封して以後は、在地が二九の大庄屋組に分割され、姫路

図1　酒井家時代の大庄屋組

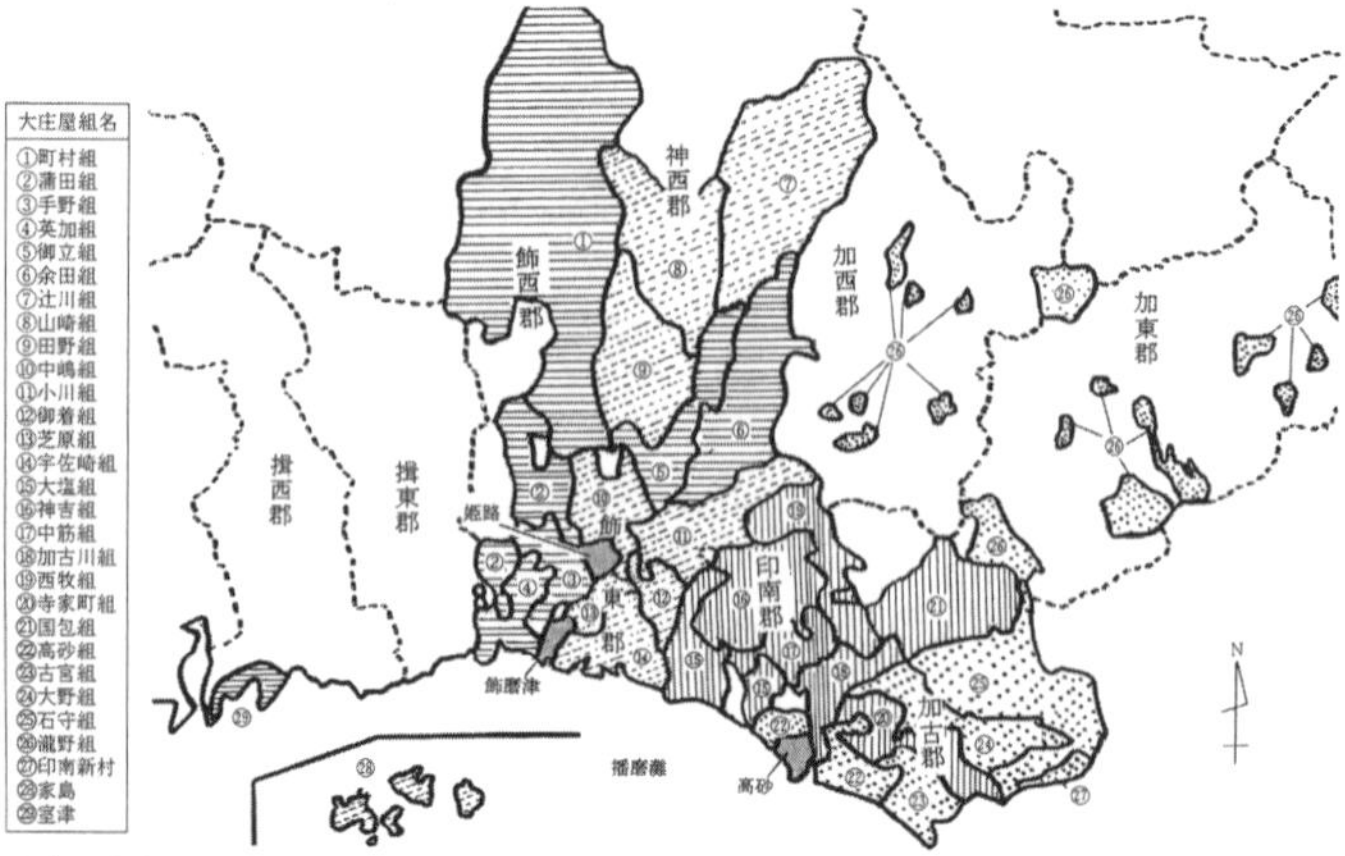

注(1)　大庄屋組名は文政12（1839）年当時のものである。室津は町方と同様に大年寄がおかれているが代官支配である。
(2)　　　　　は代官支配を、　は町奉行支配を示す。
(3)　羽田真也「播州姫路藩の蝕元大庄屋と在年行事について」（『関西学院史学』30，2003年）より。

にいる四人の代官によって支配されていました。その状況を示したものが**図1**です。この中の⑦辻川組を三木家が管轄していました。

大庄屋の職務としては、組内の年貢米の決算、水利普請の監督、庄屋からの領主宛て諸届の取り次ぎ、争論の調停などがあったといわれています。以下では、三木家が辻川組内でどのような職務を遂行していたのか、その実際に迫ることにしましょう。その際、素材とするのは、三木家に代々受け継がれてきた大庄屋三木家文書（福崎町教育委員会所蔵）です。

三木家六代目の通明は、文政六年（一八二三）一月『諸御用日記』を残しています。これは大庄屋の職務日記です。当時の辻川組は、西川辺《にしかわべ》村・東川辺《ひがしかわべ》村・上瀬加《かみせか》村・下瀬加《しもせか》村・西田中《にしたなか》村・北田中《きただなか》村・上田中《うえだなか》村・保喜《ほき》村・上《かみ》牛尾《うしお》村・下牛尾《しもうしお》村・西小畑《にしおばた》村・東小畑《ひがしおばた》村・浅野《あさの》村・井ノ口《いのくち》村・北野《きたの》村・田尻《たじり》村・大門《だいもん》村一七カ村からなり、この日記には、これら村々を管轄する大庄屋の職務に関する多様な記事が認められています。しばらくこの日記に拠りながら、大庄屋三木家の主な仕事を見ていきましょう。なお、通明の通称は藤作で、この日記を含む各史料にも藤作と記されることが一般的です。したがって、本章でも通明についてはは藤作と記すことにします。

まず、姫路藩からの御触書の伝達に関与する側面から見ましょう。

堂町新地壱丁目播磨屋利兵衛借家天満屋代判惣助方ニ旅宿、江戸深川佐賀町
清九郎店
弥兵衛

右弥兵衛儀実綿市立ての義相願い差し免じ、右市場所天満拾壱丁目ニ相極め候間、市売り望みの者は作綿勝手次第右市場処え差し出すべし、（中略）
午《（文政五年）》三月
右の通り去る午三月中、実綿市の義、郡切御触これ有り候処、弥兵衛出店引請人御代官所飾西郡同村芦田五郎兵衛と申す者取り締まりの由ニ候、右五郎兵衛手先の者、近頃岡組加古新村え罷り越し、別紙の通り引合書差し出し、鑑札を請け候様これを申し、綿拾貫目ニ付き三分ヅヽ右弥兵衛え相渡し申すべし、若し不承知ニ候ハヾ綿売買相成り申さず、猶又其の旨所役人え掛け合いの

上、大坂御番所え相願い申すべし、と手強く申し聞かせ候由訴え出で候、右御触面とハ大いニ相違いたし候間、鑑札受け候義、並びに綿拾貫目ニ付き三分ヅヽ弥兵衛え相渡し候義、一切頓着ニ及ばず候、無株ニて売買致し候義も前々より仕来りの通り致し候段、手強く申し聞かすべく候、（中略）右の趣村々洩れざる様相触れ申すべく候、以上、

未四月　文政六年癸未四月也

御代官様より御召しの上、右の通り相触れ候様仰せ渡され候間、村々洩れざる様早々御触れ成されるべく候、以上、

四月廿九日　　触元
　　　　　　　大庄屋㊞

中嶋
御立
辻川
右大庄屋所

（中略）

右の御触、文政六未年五月朔日ニ来る、

この御触書は文政六年四月に、触元大庄屋から中嶋《なかじま》組・御立《みたち》組・辻川組の大庄屋所に対して伝達されたもので、播磨国へ、大坂の実綿《みわた》市場主の江戸屋弥兵衛が介入しようとしたことに対して、姫路藩

が村々にその対応の仕方を示しています。

すなわち、文政五年（一八二二）三月に大坂町奉行所は、弥兵衛に実綿市場を立てることを許可しているので、望む者は作った綿を同市場へ差し出すよう命ずる御触書を発しています。これは、弥兵衛が願って大坂町奉行所から発せられたものです。大坂町奉行所は幕府の国家的行政機関であり、弥兵衛は幕府に認められた特権商人であることを利用して、播磨国へ出店し、同国で綿売買に携わっている百姓を統制しようとしたのです。彼は播磨国において綿の流通支配を目論んだのでした。そのため、播磨国に配下の者を差し向け、綿作を行っている百姓に鑑札《かんさつ》を受けさせて配下に組み入れようとしました。いわゆる株仲間を作ろうとしたわけですが、姫路藩は領内での綿作を奨励しており、のちに専売制を行うことになります。それに、さすがは譜代雄藩というべきでしょうか、配下の者がやって来ても、これまで株仲間に入らずに綿の売買を行ってきたと「手強く申し聞かすべく候」と命じています。幕府が背後にあろうが知ったことではなく、きっぱり断るよう命じているのです。

その後、この問題は解決することなく持ち越され、文政九年（一八二六）には、姫路藩領のみならず、播磨一国の村々が弥兵衛を相手取って大規模訴願の国訴《こくそ》が計画されることになります。姫路藩は国訴の準備過程で中心的役割を果たすことになりますが、その前段階における同藩の状況が知られる注目すべき内容です。

それはさておき、御触書の伝達そのもののあり方について話を戻しましょう。

触元大庄屋とは、二八の大庄屋組が四人の代官の支配地ごとに組合を形成し、それぞれの組合内の大庄屋たちの中の一人が任命された役職であり、代官の命令を組合内の他の大庄屋たちへ通達する役目を果たしていました。この御触書からは触元大庄屋の名前などはわかりませんが、中嶋組・御立組・辻川組の大庄屋へ御触書を伝達していたことがわかります。

さらに、傍線部を読むと、これら三組が御触書の終着点ではないことがわかります。触元大庄屋は代官から召し出された上で、この御触書を大庄屋組へ伝達するよう命じられたのですが、さらに彼は、三組の大庄屋に対して、各組内の村々へ御触書を伝達するように指示しています。

ほかの御触書でも、触元大庄屋から中嶋組・御立組・辻川組の大庄屋へ御触書が伝達されており、この三組が御触書の伝達における一つの単位であったことが知られます。そして、やはり三組が御触書の終着点ではありませんでした。

つまり姫路藩では、代官→触元大庄屋→大庄屋→大庄屋組内の村々というルートを経て領内村々へ姫路藩の命令を周知させるようになっていたのであり、村々に御触書を伝達するという重要な役割を大庄屋が担っていたのです。

藤作が管轄したのは辻川組であり、彼は同組内の村々に御触書を伝達していたのでした。

回 組村々からの願書の取り次ぎ

次に、組村々からの姫路藩宛ての願書の取り次ぎについて見ましょう。

差し上げ申す願書の事

一、当村佐兵衛年三十八、右の者此のたび勝手ニ付き、同村庄八方え同居仕りたく願い上げ奉り候、右願いの通り仰せ付けられ下し置かれ候ハヾ有り難く存じ奉り候、以上、

辻川組田尻村庄屋
庄右衛門㊞

文政六未年正月

右の通り願い上げ奉り候、以上、

大庄屋
三木藤作㊞

内海藤橋様
御役所

この願書は文政六年一月に、辻川組田尻村の庄屋庄右衛門から代官内海藤橋の役所へ提出されたもので、同村の佐兵衛が同村の庄八方へ同居したいと願っているのを認めてくれるよう願っています。しかし、田尻村の庄屋庄右衛門から代官所へ直接願書を提出するのではなく、大庄屋三木藤作が奥印を押した上で、代官所へ提出しているのです。

大庄屋組内の村々から願書を代官所に提出する際は、このような形式で行うことになっていました。他村の場合も示しておくと、例えば文政六年四月一八日に、辻川組東小畑村の組頭平十郎と庄屋庄之助が代官内海藤橋の役所へ「差し上げ奉る一札の事」を提出しています。一札とありますが、内容

的には願書にあたります。簡単にいえば、同村の仁兵衛弟吉五郎の家出について、その捜査結果の報告を怠り、咎められたことについて許しを願うといった内容です。

しかし、この場合も東小畑村の組頭平十郎と庄屋庄之助から代官所へ直接一札を提出するのではなく、大庄屋三木藤作が奥印を押した上で、代官所へ提出しています。

このように、辻川組内の村々から代官所へ願書を提出する際は、村々から直接提出するのではなく、同組を管轄する大庄屋が取り次ぐ形で代官所へ提出することになっていたのです。

先ほど見た御触書の伝達は、上意《じょうい》の下達《かたつ》でしたが、それとちょうど逆で、下意を上達する場合は、上意下達のルートを遡る形をとる必要があったのです。二つの事例では、いずれも村役人が願書を大庄屋によって取り次いでもらっていますが、一つ目の事例からわかるように、一般百姓が願意を領主側に聞き届けてもらおうと思えば、まず居村の庄屋に願意を伝え、そして、庄屋が上役の大庄屋にその願意を伝えて、代官所までその願意が辿り着かなければなりませんでした。その際、大庄屋は願書を読み、その願意が正当で、代官所に上げてよいか吟味していたと考えてよいでしょう。大庄屋が奥印を押さなければ、願書が代官所へ届けられることはありませんでした。

回組村々の取り締まり

さて、これまで見てきた仕事は、いわば代官と村々との間の仲介業務ですが、次に、藤作が代官の指示を仰ぎながらも、組内の村々を直接支配する側面を見ていきましょう。

恐れ乍ら御伺いの口上書

山崎組福田村
宿
新蔵
孫四郎倅
佐兵衛
丈右衛門
吉右衛門
勇吉

此の勇吉義、藤十郎方え参り居り候者

〆
神谷村
半四郎倅
亀吉
次右衛門

此の次右衛門義、佐十郎名跡相続させ、田野組恒屋村より参り居り候得共、未だ入帳いたし申さざる者の由

〆
田口村
〆
新　蔵

右の者共去る午（文政五年）十二月廿九日夜、新蔵宅に於いて博奕仕り候由承り申し候、是迄ニも非人番より異見を加え候由承り申し候、恐れ乍ら御内々申し上げ奉り候、以上、

大庄屋
三木藤作　印

文政六未正月

内海藤橋様
御役処

この口上書は文政六年一月に、大庄屋三木藤作から代官内海藤橋の役所へ提出されたもので、昨年一二月二九日の夜に、山崎組《やまさき》福田村《ふくだ》・神谷村《こだに》・田口村《たぐち》の者共が、田口村の新蔵宅において博奕《ばくえき》をしていたことを報告しています。これまでにも非人番が注意していたとあるので、常習犯として見過ごせなかったのでしょう。

このように、藤作は組内村々の取り締まりにも関与していたのです。

なお、この口上書からは、藤作が辻川組に隣接する山崎組（図1の⑧）の大庄屋を兼帯していたことが知られます。山崎組は、山崎村・坂戸村《さかど》・甘地村《あまじ》・近平村《ちから》・奥村《おく》・田口村《たぐち》・板坂村《いたざか》・桜村《さくら》・長野村《ながの》・神谷村・福田村《ふくだ》・西谷村《にしたに》・溝口村《みぞぐち》・野田村《のだ》・高橋村《たかはし》・西治村《さいじ》・福崎新村《ふくさきしん》・馬田村《うまだ》・戸板村《といた》の計一

九カ村からなります。彼は二組で合計三六カ村を管轄していたのです。その背景としては、文化九年（一八一二）八月以降、姫路藩が大庄屋の削減を命じ、村々に課される大庄屋関係費用の削減と大庄屋による恣意的な大庄屋組支配の排除とを図っていたことがあります。しかし、これまでの研究では、この時期の山崎組をどの大庄屋が兼帯していたのかは明らかにされておらず、藤作が同組の大庄屋を兼帯していたというのは、今回新たに判明した史実です。

このことを確認する意味でも、もう一例、藤作が村々の取り締まりにあたっていた様子を示しましょう。

文政六年三月四日、博労《ばくろう》（ここでは牛の売買を業とする人）である山崎組西治村の徳右衛門・福田村の久左衛門・山崎村の吉五郎・坂戸村の吉太郎・溝口村の惣太夫から、「辻川大庄屋所」宛てに「差し上げ奉り候一札の事」という一札が提出されています。そこで徳右衛門たちは、無札《むさつ》の者（博労として許可されていない者）を下博労などと称して、彼らに牛の売買をさせていたことについて、今後はそのようなことをしないと誓っています。

ここからは、藤作が山崎組の大庄屋を兼帯し、同組内の村々の取り締まりにあたっていたことが確認できます。姫路藩では無札の者が牛の売買に携わることが禁止されていましたが、それを守らなかった徳右衛門をはじめとする博労たちを藤作が召喚した上で咎め、右の禁止事項を遵守するよう誓わせているのです。

なお、同日に、山崎組野田村に住む徳右衛門の倅徳七からも辻川大庄屋所へ一札が提出されており、

「私義是迄折々牛売買仕り、博労ニ似寄り申し候業仕り候様風聞御坐候趣御聞に達し、今日御召し出しの上、兼て御法度義承知され、右の次第厳敷く御察当蒙り、一言の申し訳御坐無く恐れ入り奉り候」とあります。徳七は、先の一札に見た無札の者の一人で、そのことを知った藤作が、彼を召し出して厳しく咎めているのです。続けて、この一札には、「已来牛売買筋へ決して相携わらず候様仰せ付けさせられ畏れ奉り候、已後牛博労筋ニ相携わり候義御坐候筋は、如何様の御咎め仰せ付けられ候共、其の時一言申し分御坐無く候」とあり、徳七は、今後牛の売買に決して携わらないよう藤作から命じられ、もしそのようなことがあれば、どのような咎めを受けても一言の申し分もないといい、藤作の命令に恭順の意を表しています。

以上のように、藤作は大庄屋として、姫路藩の施政方針に背く者に対しては厳格な態度で臨み、組内秩序を維持する役割を担っていたのです。

回辻川組・山崎組で裁判権を行使する

『諸御用日記』から見る大庄屋三木家の最後の仕事として、藤作が裁判権を行使していたことを取り上げましょう。

前章で、二八代の三枝《さえぐさ》五郎兵衛が裁判を行っていたことを示す証左として、五郎兵衛に宛てられた訴状を示しましたが、ここでも一例、訴状を掲げることにします。

差し上げ申す願書の事

一、同組北野村地内うしろ山と申す所ニ我々御運上御林相預かり居り申し候ニ付き、長八と申す者ニ番致させ居り申し候所、今日長八倅山見廻りニ参り候処、保喜村の者一人参り、松の枝並びに落葉等取り居り申すニ付き咎め候処、荷物捨て置き罷り帰り候処、程無く大勢押し寄せ候ニ付き、早々逃げ帰り候趣、親長八甚だ心外体ニて我々方え申し参り、右体保喜村の者強勢仕り候得ば、中々番も仕り難く申し出で候ニ付き、銘々かけ付け見候所、松の枝等荒シ、村中迄皆々帰り居り申し候故、保喜村庄屋え其の趣届け置き罷り帰り申し候、右体強勢成る致し方ニては番いたし候者もこれ無き様相成り候ては、御林生い立ち申さず嘆かわ敷く存じ奉り候、何卒恐れ乍ら保喜村の者共御召し出し遊ばされ、御吟味の程願い上げ奉り候、以上、

文政四年
巳十二月

辻川組同村願人
清太夫　印
次右衛門　印
金兵衛　印
傳右衛門　印
多十郎　印
治兵衛　印

北野村

文右衛門　印
辻川村庄屋
仙之助　印
北野村庄屋
吉右衛門　印

この訴状は文政四年（一八二一）一二月に、辻川組北野村の願人らから藤作へ提出されたものです。同村地内のうしろ山にある御林《おはやし》（この場合は姫路藩直轄の林）へ同組保喜村の者一人が入り込んで松の枝や落ち葉を盗んだので、山番の者が咎めたところ、その者が帰村したあとに、大勢が押し寄せてきて松の葉を荒らしたというから、報復措置だったのでしょう。そして、このようなことがあっては、山番をする者がいなくなり、そうなれば御林が生い立たなくなってしまうといい、保喜村の者共の吟味を願っているのです。

この願書を受理した藤作は、「右の通り願い出で候ニ付き、日を改め召し呼び相調べ候」といい、後日、保喜村の者共を召喚して吟味を開始しています。しかし、「着々相分り候得ども、外御用差し支えニ付き差し延ばし候処、午春（文政五年）正月十二日立ちニて出府いたし、其の後御用差し支え、午年中取り掛かり得申さず、未春入りニ相調べ候」とあり、御用繁多につき吟味は先延ばしとし、文政六年の春に入って漸く吟味を再開したのです。その後の経緯を見てみましょう。

文政六年三月に、保喜村の傳兵衛・条右衛門・常次郎・惣右衛門から藤作へ文書が提出されています。そこでは、藤作からの三つの質問に対して、それぞれ四人が回答しています。

第一条では、文政四年一二月に、北野村の御林へ落ち葉を盗みに入った時、山番の者を追いかけて打擲《ちょうちゃく》に及んだことについて、その理由を藤作が問いただしています。これに対して傳兵衛たちは、弥右衛門なる人物が持参していた俵を山番に没収され、それを取り返すために山番を追いかけたと回答しています。

第二条では、山番の者を捕らえてどうするつもりであったのか、また、なぜ多人数で追いかけたのかと藤作が問いただしています。それに対して傳兵衛たちは、弥右衛門が没収された俵を取り返すためであり、また、少々悩ませておけば、今後、御林へ入り込み易くなるのではないかと思い、追いかけたと回答しています。

第三条では、御林へ多人数で入り込み、その上、山番の者を打擲し、のちのち我儘《わがまま》に御林へ入り込もうと企んだことに対し、重ね重ね不届き至極であるといい、このことについて申し分があるか、と藤作が問いただしています。これに対して傳兵衛たちは、一言の申し分もないといって謝り、どのような咎めを仰せ付けられても構わないと返答しています。

このように藤作は吟味を行っているのですが、注意しておきたいのは、井ノ口村の庄屋儀左衛門が文書の奥書に名を連ねていることです。すなわち、彼が取次として藤作と傳兵衛たちとの間に入ることで、この吟味が進行しているのです。このような吟味の仕方が恒常的なものであったのかは今のところ定かではありませんが、大庄屋が広大な組内を管轄していたことを考えれば、儀左衛門のような、いわば補佐的な存在にも注目する必要があるでしょう。

この文書では、先に見た訴状よりも詳細に事件の内容がわかります。「着々相分り候」というように、藤作がそれまでに調査し、事実関係を確定させていったためでもあります。そして、保喜村の傳兵衛たちに質問し、回答を得ることで、さらに詳細が明らかとなりました。御林に入り込んだ保喜村の者一人が弥右衛門なる人物であり、大勢で押し寄せて山番を打擲したことなどが知られます。

さて、右の文書を受けた藤作は、いよいよ裁定を下すことになりますが、同月、北野村の山持ち惣代（御林のある山を所持する百姓たちの代表者）である清太夫・傳右衛門たちが辻川大庄屋所に対して、「西野々村庄屋佐十郎ヲ以て段々手入れ仕り、内済仕り候ニ付き、先達て差し上げ奉り候願書、何卒御下ゲ下し置かれ願い上げ奉り候」と、訴状の下げ戻しを願ってきたのです。

この経緯についてもう少し詳しく知るために、この直後、取次の儀左衛門から辻川大庄屋所へ提出された一札を見てみると、藤作から咎めを受けた弥右衛門・傳兵衛・粂右衛門・常次郎・惣左衛門・藤蔵・巳之助の七人は、神東郡西野々村の庄屋佐十郎に北野村の願人らとの仲裁を依頼し、彼の嘆願によって、御林のある北野村の山持ち惣代たちが訴状の下げ戻しを願うことになったのでした。

以上、藤作による辻川組内での事件の吟味について見てきましたが、彼が大庄屋として同組内で裁判権を持っていたことは間違いありません。ここで見た事例は、最終的には内済によって決着がついていますが、前章でも述べたように、徳川時代の訴訟はできるだけ内済に持ち込むことが一般的で、それ自体が裁判上の解決法の一つでもありました。百姓らにとっても裁判は面倒であり、なるべく避けたいことでした。そこで、被告の弥右衛門ら七人が、第三者の庄屋佐十郎に、原告にあたる北野村の願人らとの仲裁を頼み、最終的に北野村の山持ち惣代たちから訴状の下げ戻しを藤作に願ってもらったのです。これは「願い下げ」といい、徳川時代には各地でよく見られたことでした。もちろん、内済が整わない場合は、吟味の結果をもとに、裁定が下されることになったのです。

ところで、藤作が村々を直接支配する側面の一つとして裁判権の行使を取り上げていますが、既述のように、彼は山崎組の大庄屋を兼帯していました。したがって、彼は同組内でも裁判権を行使する必要がありました。藤作は山崎組内で発生した事件をどのように吟味していたのでしょうか？　次に一例を示しましょう。

阿波《あわ》国名東《みょうどう》郡高崎《たかさき》村（現在の徳島市）の熊吉は、九年前に神西《じんさい》郡甘地村の藤四郎と藤九郎の世話を受けて同村に移り住みました。その後も両人の世話になっていましたが、藍染職で成功した熊吉は、困窮した両人が自分の厄介同然になっていることを厭《いと》い、両人の指図で両人の菩提寺である光円寺《こうえんじ》の旦那（檀家）になっていたところ、手助けする者もあって積清寺《せきせいじ》の旦那に替わったといいます。藤四郎と藤九郎はこのことを決して認めなかったため、文政五年七月頃に出入り（揉め事）の様子を呈するに至ったところ、積清寺から内意を申し入れたと見え、姫路藩の宗門役所から藤作が召し出され、取り治めるよう命じられました。そこで彼が出入りの吟味に乗り出し、支役《ささえやく》庄屋の山崎村庄屋儀助と共に事にあたり、紆余曲折を経て解決に至っています。

ここで注目したいのは支役庄屋の存在です。支役庄屋とは、大庄屋の補佐役でした。彼らのような存在が、大庄屋支配を文字通り支えていたのです。ただし、彼らはあくまで大庄屋の補佐役であって、今回の出入りの吟味においても、その主体は大庄屋でした。この点を確認するためにも、今回の出入りが解決したことを示す三つの一札の内容を示しておきましょう。

一つの目の一札は文政六年二月、山崎組甘地村の曹洞宗積清寺ほか五名から辻川大庄屋所へ提出されたものですが、支役庄屋の山崎村庄屋儀助の取り扱いによって、熊吉の息子直蔵を光円寺の旦那とし、また、熊吉が藤四郎と藤九郎に一旦背いた点を謝罪したことで、双方で和談が成立したことが述べられています。

二つ目の一札も文政六年二月、山崎組甘地村の藤四郎と藤九郎、光円寺の旦那惣代伊左衛門・多吉郎ほか五名から辻川大庄屋所へ提出されたものです。一つ目の一札と内容は同様ですが、ここでも支役庄屋の山崎村庄屋儀助の取り扱いによって、和談に導かれたことが記されています。しかし、一札は大庄屋藤作宛てに提出されていることを確認しておきたいと思います。

三つ目の一札も文政六年二月に、山崎組甘地村の五人組頭惣代宗左衛門・源四郎、組頭長左衛門・太兵衛、そして庄屋又蔵から辻川大庄屋所へ提出されています。この一札は、ほか二つの一札と性格が異なり、「村方え入帳御願い申し上げ奉り候義、村方一統少しも故障御坐無く候」と、五人組頭惣代らが、他領の者である熊吉を村民とすることについて故障のないことを申し入れているのです。加えて、他領の者である熊吉をこれまで内分に差し置いていたことについて藤作から咎められ、「村役人初め我々共一統申し訳御坐無く恐れ入り奉り候」と一同で詫びを入れてもいます。今回の吟味では、当事者のみならず、他領の者である熊吉の不法な長期滞在を黙認したことにつき、甘地村の五人組頭惣代らの責任まで問われ、さらに、不法滞在を問題視した藤作が、熊吉を正式な村民とする手続きを促したことが窺えます。

さて、これら三点の一札が全て辻川大庄屋所、つまり藤作へ提出されていることからして、吟味の主体が大庄屋藤作であったことは間違いありません。今回の吟味は、藤作が兼帯する山崎組でのことで、支役庄屋の取り扱いなくしては円滑に進めることができなかったでしょう。とはいえ、支役庄屋に任せきりにするのではなく、「支役山崎村庄屋儀助諸共色々世話致し遣」わし、解決に導いており、あくまで吟味の主体は藤作だったのです。その意味で、支役庄屋は大庄屋支配の中に組み込まれた存在で、支役庄屋は大庄屋制の一部をなすものと考えられます（井ノ口村の庄屋儀左衛門も支役庄屋であった可能性は否めません）。既述のように、文化九年（一八一二）以降、姫路藩は大庄屋を削減しましたが、そのことは必然的に多くの大庄屋がほかの大庄屋組を兼帯するという事態を生ぜしめたのです。そのことと支役庄屋が設置されたことは、密接に関係していたと考えられます。いずれにせよ、大庄屋藤作は支役庄屋に補佐されて、山崎組内でも裁判権を行使し得たのでした。

ところで、ここまであえて各項目では触れませんでしたが、三木家居宅が「辻川大庄屋所」と称されていたことについて、問題にしておきましょう。第三章で、三枝家居宅が「河合中村御庄屋所」などと称される場合があったことに注目しましたが、異なるのは、前者が大庄屋の居宅であるのに対し、後者は庄屋宅である点です。大庄屋と比較するならば、「取締役」としての三枝家のほうが適切ですが、取締役頭取としての三枝家居宅は「河合中村御役所」のように、「役所」であったことに注意しましょう。辻川大庄屋所に限らず、姫路藩大庄屋の居宅が「役所」と称されることはありませんでした。当たり前のことですが、代官所は「内海藤橋様御役所」などと記され、それとは厳密に区別されていたのです。

第一章で取り上げた名主伊能《いよく》家の居宅も「名主御役所」と称されることがありましたが、既述のように、旗本保科《ほしな》家と御三卿《ごさんきょう》清水《しみず》家に共通するのは、領主権が脆弱で、村役人の行政的手腕に大きく期待せざるを得ない点でした。伊能家と三枝家の場合、強弱はあれ、本来代官所が保持する支配権の一部を委譲され、居宅を役所とし、代官所役人に準ずる役割を担わされていたといってよいでしょう。

こうして見てくると、比較の上では、大庄屋は庄屋よりも上位の村役人であり、また「取締役」に近い存在ですが、その領地における領主権の強弱、あるいは領主制の規模によって、単純には比較できないということになります。姫路藩の大庄屋についていえば、そもそも同藩の領主権は脆弱ではなく、反対に強いものです。まとまりのある領地を持ち、領主支配機構は城下町姫路を中心に体系的に整備されたもので、村方については代官をトップに、しっかりした体制が敷かれていました。大庄屋に支配権の一部が委譲されていたことは間違いないとしても、大幅にそうする必要性はなかったのです。大庄屋の居宅は「大庄屋所」として代官所の出先機関的役割を果たしていたとはいえても、出先機関そのものではありませんでした。

いずれにせよ、譜代雄藩の姫路藩においても村役人の存在は大きく、いかに領主支配機構が整っていたといっても、兵農分離制の下では、村役人によって支えられなければ、領主支配を実現することは困難でした。領主権が脆弱でなくとも、広大な領域を支配するには、支配権の一部を委譲された大庄屋の存在が必須の位置を占めていたのです。

回財政改革を実現に導く

姫路藩では文化期（一八〇四〜一八）頃になると、著しい財政窮乏に陥ることになります。そこで文化五年（一八〇八）一二月一日、藩主の酒井《さかい》忠道《ただひろ》は財政難の立て直しを図るため、家老の河合道臣《かわいみちおみ》（通称は隼之助）に財政改革を命じると共に、そのための施策を一任しました。

この財政改革は「文化御改革」（以下、文化改革と表記）と称され、「格別の御勇断、万《よろず》御改正」とあるように、道臣は文化六年（一八〇九）以降、藩財政建て直しのための様々な施策を講じ、改革を実施していきました。

文化改革では家中に課していた上米《あげまい》（藩が家臣に対して上納させた米）を引き上げたり、厳格な倹約令を発したりしましたが、ここでは大庄屋が改革を実現に導く様子に注目します。

さて、文化改革の施策の中に、国用積銀制度があります。文化改革の個々の施策については十分明らかにされていませんが、この国用積銀制度もその一つです。この制度は文化一〇年（一八一三）に河合道臣の計画で実施されます。姫路藩の主宰で講《こう》（貯蓄や金銀の融通のために組織した相互扶助の団体）を組織し、蓄積した銀を運用するというもので、従来から領内で組織・運用されていた講と基本的に同じ仕組みの制度でしたが、村方では大庄屋が組織・運用し、あくまで財政改革の一環として実施されたところに特徴がありました。そして、「第一国益ヲ専ら二立てられ候」とし、専ら姫路藩の利益のために創出されたのであって、従来からの領内の講と同じ仕組みでも、その趣旨は大きく異なるものでした。

具体的な仕組みは、領内総人口約二〇余万人の一〇分の一、すなわち約二万人を加入させ、一組二〇〇〇人ずつを計一〇組に分け、一人につき一カ年銀一〇〇匁《もんめ》（約一〇万円）ずつを五年間（一期）積み立たせる、というものです。町方でも実施されましたが、村方では最寄りの大庄屋が講元となり、積銀全体の三分の一は講元に預け置くこととされました。この積銀は凶作などに備えさせ、また、加入者に対しては、六年目以降は抽籤《ちゅうせん》によって、若干の利子を加えて償還するものとされたのです。残る積銀の三分の二は、全て姫路藩が財政整理に利用しました。

このように、国用積銀制度の仕組みは知られるのですが、これは、あくまで藩側が定めたものであり、実際にこの仕組みでうまくいったかは別問題です。なぜならば、これまでにも述べたように、徳川時代後期においては、農村への商品・貨幣経済の浸透、並びに凶作・災害の頻発によって貧富の差が拡大し、一部の上層百姓である地主・豪農層が成長する一方、困窮し没落しかかる多数の百姓が存在するという社会状況が広く見られたからです。姫路藩領もまた例外ではありませんでした。

何が言いたいかというと、一組二〇〇〇人を単位に講を組織し、一人につき一カ年銀一〇〇匁ずつを五年間積み立たせるということが、右の状況下では極めて困難だったということです。講ではありませんが、前章で見た社倉《しゃそう》政策は仕組みとしては似たところがあります。しかし、領主の仕法と実際が異なっていたことはすでに見た通りです。多数の百姓が困窮し没落しかかる状況下で、一人につき一カ年銀一〇〇匁ずつを積み立たせるというのは、現実的ではありません。では、実際の運営はどのようになされたのでしょうか？　その一端を次に示しましょう。

藤作は筆まめな人物だったようで、三木家の大庄屋を務めたほかの当主と異なり、『諸御用日記』以外にも大庄屋の職務に関わる日記を残しています。時期はこの日記と一部重なりますが、文化八年（一八一一）から文政一三年（一八三〇）一〇月までの長期間にわたって記された『諸事控』という日記がそれです。これによると、藤作が辻川組の大庄屋に就任したのは文化八年一二月から、山崎組の大庄屋を兼帯するようになったのは文政二年（一八一九）四月からであったことが知られます。その意味では、藤作は文化改革が実施されている最中に大庄屋を務めていたことになります。したがって、この日記には文化改革を実現に導く大庄屋藤作の姿が記されているのです。

国用積銀制度については、もちろん藤作は講元としての役目を果たしていましたが、一人につき一カ年銀一〇〇匁ずつを一律に五年間積み立たせることが不可能な状況下で、いかにして制度を成り立たせていたのか。この点が窺える記事を次に掲げましょう。

文化十酉年冬
一、国用積金　　四口六分加入
　　　　　　　　但、壱口分

文化十二亥年十一月
一、地方積金講　　一口加入　但、一口分六貫六百六十六匁六分六厘

文政三辰年
一、庚辰講　　一口加入　但、一口分　同断

同四巳年
一　　弐分五厘加入

あくまで日記の記事なので、国用積銀制度の組織・運用の詳細までは記されていませんが、これは興味深い記事です。

この記事によると、文化一〇年、つまり国用積銀制度が開始された年に、藤作は国用積金として、四口六分、つまり四・六口加入していることがわかります。但し書きに一口がいくらか記入されていませんが、仕法通りであれば、四六〇匁（約四六万円）となります。続けて記されている地方積金講の一口と同額とすれば、六貫六六六匁六分六厘なので、三〇貫を超える、とてつもない高額となります。

二年後に地方積金講にも加入していることを考慮すれば、四・六口は四六〇匁と考えるのが妥当と思われます。

次に地方積金講ですが、これは藤作が文化一二年（一八一五）一一月に一口加入しています。一口だけですが、先にも記したように、一口が六貫六六六匁六分六厘（約六六七万円）という高額なものです。

さらに、文政三年（一八二〇）には、藤作は庚辰講にも一口加入しています。この講の一口も六貫六六六匁六分六厘であり、藤作は立て続けに複数の講に、巨額を注ぎ込んでいたのです。

もう一つ、文政四年に講に加入したようですが、その名称は記されていません。二分五厘（〇・二五％）加入とあるだけで、残念ながら詳細はわかりません。

藤作は四つの講に加入していたわけですが、名称がはっきりしている三つの講だけとってみても、国用積金（銀）はもちろん、ほかの二つの講も一口の額の大きさからして、民間の講とは考えられません。これまで明らかにされていませんでしたが、道臣は国用積銀制度だけでなく、ほかにも講を組織していたと考えて間違いないでしょう。右の記事に続けて、この点に関連すると考えられる記事が記されています。

文化十三丙子年

一、正月五日朝五ツ時、河合隼之助様御屋敷え罷り出で候様御米払方仰せ出だされ、罷り出で候処、御奉行四人様・御払方三人様御立ち合いニて、旧冬仰せ出だされこれ有り候御用の義、河

合様御挨拶これ有り、御奉行様よりも御挨拶の上、御酒・御吸いもの下し置かれ至極御丁寧の事也、

文化一三年（一八一六）の記事ですが、一月五日午前八時頃、河合隼之助、つまり河合道臣の屋敷へ出向くよう米払方を通じて命じられ、出向いたところ、奉行四人・米払方三人の立ち会いにて、旧冬に命じられた御用について、河合道臣、そして奉行からも挨拶があり、酒と吸い物が下賜されたというのです。至極丁寧な扱いを受けたこともわかります。

なんと、一大庄屋を道臣が自分の屋敷に招き、文化二年冬に命じていた御用につき挨拶の上、奉行や米払方という上級役人まで立ち会い、褒美を取らせているのです。文化二年冬というと、先の地方積金講に藤作が加入する前年です。おそらく道臣のいう「御用」とは地方積金講の組織・運用のことをいい、地方《じかた》（農村のこと）というくらいですから、大庄屋たちをその講元としていたのでしょう。そして、注目すべきは、彼らは地主・豪農として成長していたということです。最初にも述べたように、三木家は徳川時代後期に成長した大地主でした。道臣が藤作に、講元への就任と共に、高額の出資を命じていたことは想像に難くありません。事実、彼は高額出資者となったのであり、ゆえに家老河合道臣の屋敷にまで招かれることになったのでしょう。この点をさらに確実に物語る記事があります。続けて史料を引用しましょう。

文化一三年三月一一日、続いて姫路藩役人の関口万助なる人物から藤作宛てに、一四日午前九時に

麻裃《あさかみしも》を着用し、御用場へ出頭するよう申し渡されています。日記の当該日の記事は次の通りです。

一、十四日、御用場え罷り出で候処、中間に於いて月番御奉行長沢源十郎様より左の御書付の趣仰せ渡され、御目録並びに御書付下し置かれ候、

中谷与惣左衛門
三木藤作
長瀬七郎太夫

其方共儀、地方積金出精致し候ニ付き、御褒美として御紋附御上下一具宛下し置かれ、御酒・御吸い物下し置かれ候、

右御書付連名故、寺家町中谷氏持ち帰られ候、御目録ハ銘々え下し置かれ候、御用場御玄関ニて御酒・御吸い物下し置かれ候上、御奉行様・御米払方御挨拶これ有り候、

藤作は一四日に御用場へ出向いたところ、中の間で奉行の長沢源十郎から、目録と書付を下されています。続けて記されているのが、その書付です。藤作を含む三人宛てで、「地方積金（銀）に出精したので、褒美として紋付の裃《かみしも》一具をそれぞれに下賜し、酒・吸い物も下賜する」という内容です。藤作以外の二人も大庄屋で、地方積金への出精につき褒美を下されたのです。御用場とは、主として藩の役人が政務を司る役所で、**図2—1**、**図2—2**のように、姫路城の真南に位置しています。**図2**

図2-1　姫路城下町絵図（文化３年〈1806〉）

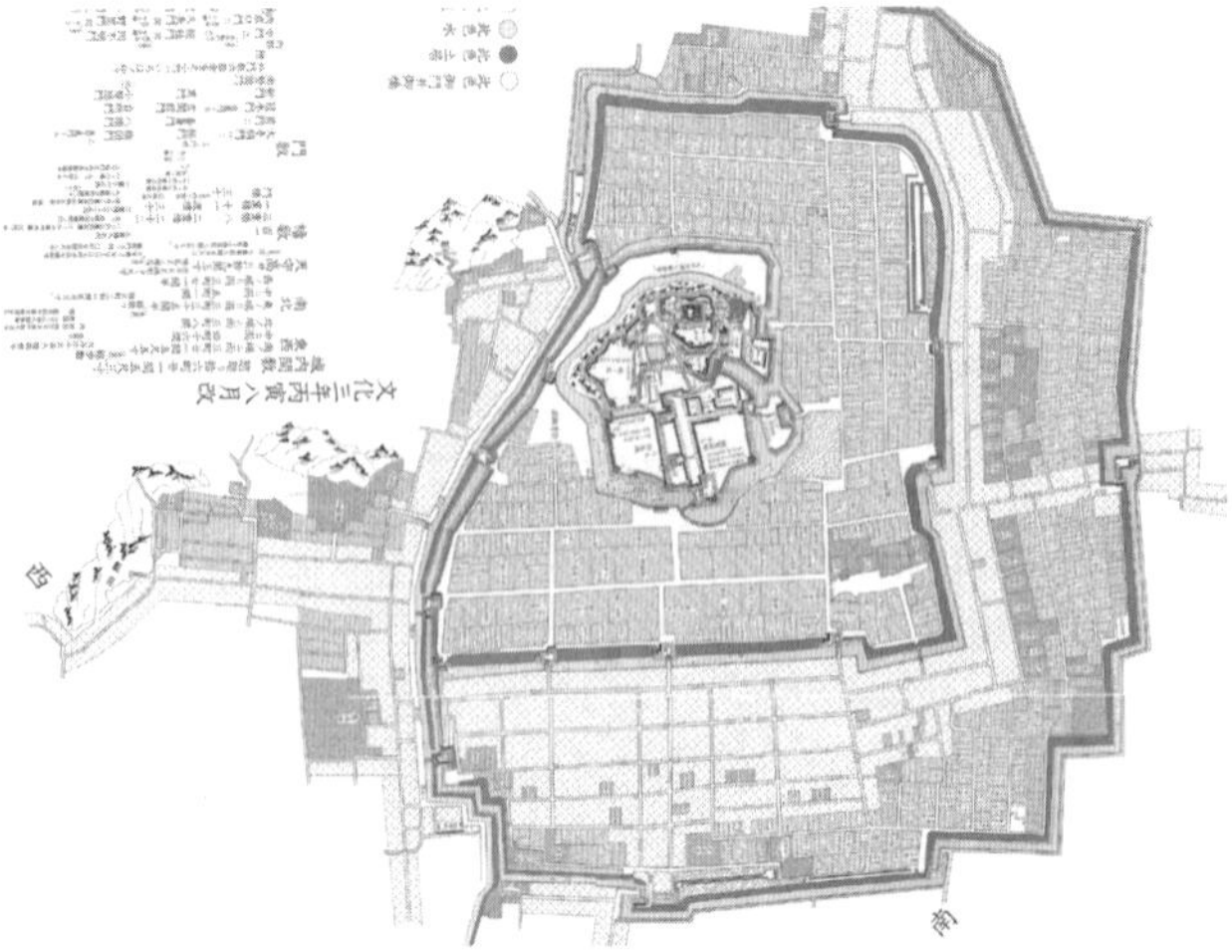

『姫路市史　第11巻上　史料編　近世２』付図４－２より。

図2-2　姫路城下町絵図、御用場・河（川）合隼之助屋敷付近

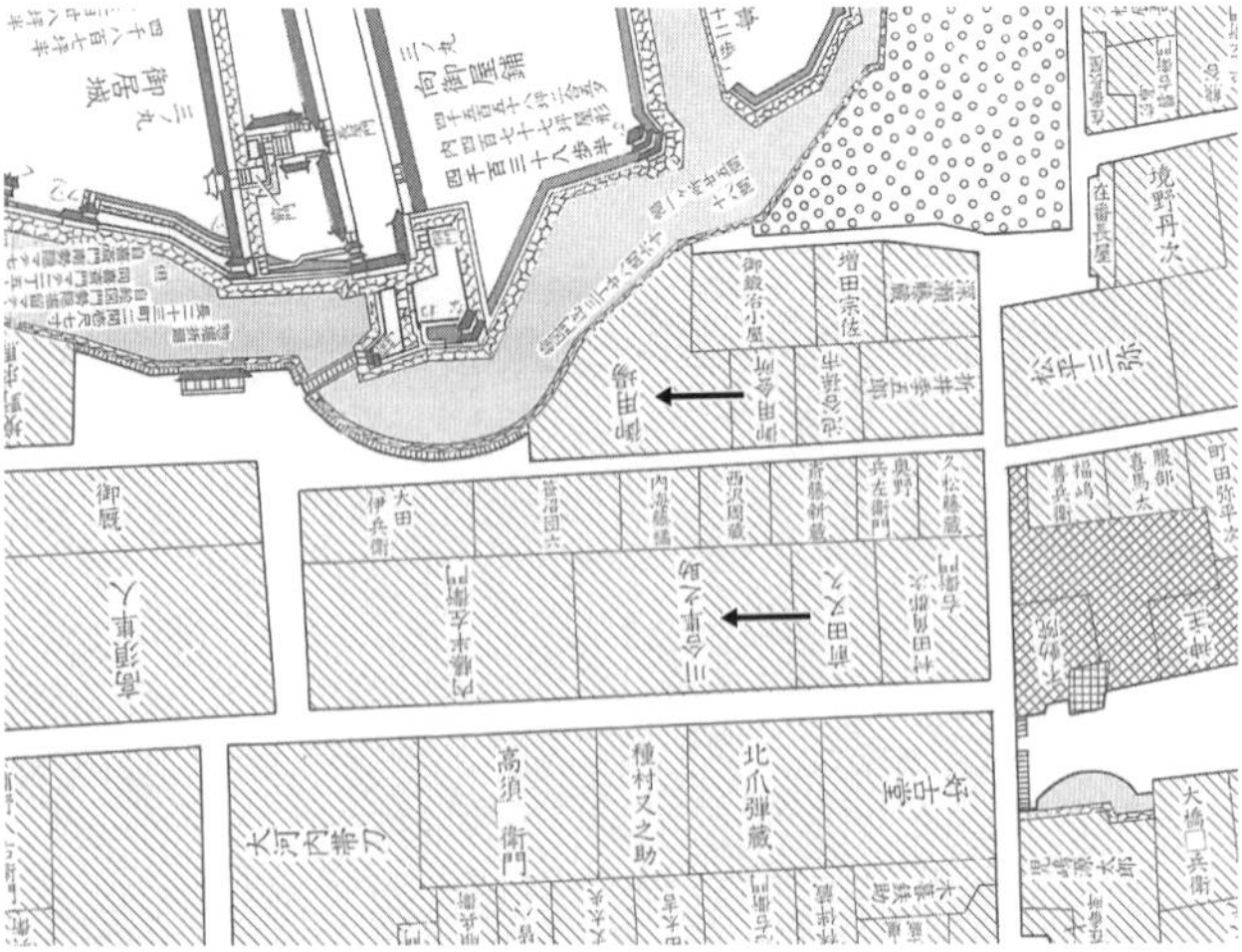

『姫路市史　第11巻上　史料編　近世２』付図４－２より。

―2からは、河（川）合隼之助の屋敷が御用場のすぐ南に位置していたこともわかります。

いま引用してきた史料は一続きのもので、その点から考えると、まずは内々に道臣から地方積金出精につき褒美を下賜され、続いて御用場において公式に褒美が下されていると理解してよいでしょう。いずれにせよ、普段大庄屋が出入りすることのない御用場で、そして、その前には家老屋敷にて家老から直々に褒美を下賜されていることは、特筆すべきことです。しかも、家老を筆頭に上級武士から挨拶を受け、丁寧な扱いを受けています。

そのほかにも同種の記事は日記中に散見されます。特に目を引くのは、文化一二年一二月、藤作が金一九〇両と銀九匁三歩、また銀三貫八三〇匁七歩二厘七毛の永上納を米払方役所へ願っていることです。文字通り巨額であり、文化一四年（一八一七）に、藤作は道臣から麻裃一具、さらには藩主から本丸にて酒・吸い物の褒美まで下賜されているのです。

道臣は天保六年（一八三五）七月に引退しますが、その際の辞職願の中で、文化期以降も展開した財政改革に言及し、一定の成果を評価しています。財政改革の主要な施策の一つが国用積銀制度などの積銀（金）制度でしたが、貧富の差が拡大する中で、道臣は大庄屋の強大な財力を利用する形で同制度を成功に導いたのです。ここでは全ての大庄屋を取り上げることはできませんが、大庄屋三木家が姫路藩の財政改革を実現に導いていたことは疑いのないことです。

回姫路藩家老の三木家への来訪――新田開発場の視察

姫路藩の財政改革と三木家との関係を見ましたが、同藩の財政改革については不明な点が多く、藩側の史料を解読しているだけでは全貌がつかめないのが現実です。

大庄屋三木家文書中のいくつかの史料によると、河合道臣の財政改革には新田開発も含まれていたようです。先に見た道臣の辞職願では、財政改革の成果の一つとして、年貢収納の増加が挙げられていますが、そもそも、どのようにして、それが可能になったのかは従来明らかではありませんでした。貧富の差が拡大し、困窮し没落しかかる多数の百姓が存在して、脱農化現象が広く見られ、その結果、農業労働力が減少するという社会状況下で、幕藩領主は年貢収納を減少させ、このことが主な原因となって財政窮乏に陥ったのです。姫路藩の場合も同様で、道臣の財政改革が年貢収納の増加をもたらしたという時、その要因は謎だったのです。しかし、道臣が財政改革の施策の一つとして新田開発を行っていたとなれば、理屈は通ります。荒地などを田地と化していけば、当然年貢収納は増加するからです。

ただし、新田開発は大土木工事であり、それに従事する人足を雇うだけでも巨額の金銭が必要でした。財政窮乏に陥った姫路藩に、それが行えると考えるには無理があるでしょう。しかし、実際に姫路藩は新田開発を行ったのです。地主・豪農として成長していた大庄屋の力を借りて。

以下では、三木藤作が新田開発に関与していた点を見ることにしましょう。なお、藤作は新田開発を道臣から命じられていましたが、その開発過程を詳細に述べることは控えます。それだけで膨大な紙幅を要するからです。ここでは、道臣が新田開発を行う上で、大庄屋、中でも三木家を重視していた点に注目し、姫路藩の財政改革のあり方の特徴に迫りたいと思います。

前項でも使用した文化八年〜文政一三年一〇月『諸事控』には、次のように記されています。

一、九月十七日、河合隼之助様御泊り

（御奉行　金原助左衛門様
同　久松辰吾様）　御宿　次右衛門

（御勘定　大橋傳右衛門様
御代官　新美甚左衛門様
同　有坂源左衛門様）　同　仙之助

河合様御供廻り、左之通

御医師　高橋恕庭様

御祐筆　吉澤七兵衛様

御用達　原田鎮平様

御侍弐人　大河内善助殿

御手廻り弐人　——　殿

〆

これは文政一三年九月一七日の記事です。人名が並んでいますが、最初に「河合隼之助様御泊り」とあるように、河合道臣が三木家に来訪し、かつ宿泊までしているのです。新田開発場の視察が目的でした。

家老ともなれば、一人で出歩くことはまずありません。日記の記事であり、基本的に自分がわかればよいので、はっきりしない人名などは省かれていますが、それでも一行の様子はわかります。道臣は三木家を宿としていますが、ほかの者たちは周辺の百姓家に宿泊したようです。奉行二名と勘定一名が次右衛門宅に、代官二人が仙之助宅に宿泊しています。彼ら上級役人は道臣の従者というより、新田開発に関係していた役人でしょう。続いて記されている「河合様御供廻り」は、文字通り道臣の従者です。医師・祐筆・用達・侍二人・手廻り二人が従ったのです。詳細は明らかではありませんが、そのほかにも道臣には一四名が従っていたことが、続けて記されています。さらに山林御普請掛り一名、代官新美甚左衛門の部下たる手付《てつき》二名、代官有坂源左衛門の部下である手付二名も同行したことが記されています。

この道臣一行は、日記によると、広大な西光寺野《さいこうじの》の開発、並びに新たな灌漑《かんがい》施設の普請を見分すべく出張してきたことが知られます。

その行程は次の通りです。九月一七日に姫路を出立して西光寺野を見分、その後、御立《みたち》組の大庄屋岡平四郎方で昼食をとり、それから辻川《つじかわ》組へ移動、中須田池・亀坪新池を見分して、辻川村へ帰着。

翌一八日には、御立組の上田中村《うえだなか》から北田中村《きただなか》・東川辺村《ひがしかわべ》へと廻村し、川辺や井を見分。川辺の内藤佐十郎方にて昼食をとり、それから西光寺野を通って、御立村で夕食をとり、姫路へ帰着。一泊二日の出張でしたが、西光寺野の開発と、そのための灌漑施設の普請の状況を見分しているのです。

当時、藤作が計画していた西光寺野の開発計画を示したものが**図3―1**です。これは藤作自身が描いたものをトレースして、文字も活字化したものです。少々わかりにくいですが、辻川村分・北野村《きたの》分・西野々《にしのの》村分などとあり、複数の村々で開発しようとしていたことがわかります。そして、図の上部に中須田池という大きな池がありますが、これは道臣一行の行程にも出てきた池です。このような池から水を引いて新たな灌漑施設も造ろうとしていたのです。ちなみに、現在の地図上に図3―1の範囲を囲うと**図3―2**のようになります。藤作は、いかに広大な範囲を新田として開発しようとしていたかがよくわかります。

さて、道臣一行の来訪に話を戻しましょう。わざわざ見分に藩政の統括者たる家老が出張って来るというのは、決してありふれた話ではありません。そのことから考えても、各地での新田開発が財政改革の施策の一つであり、かつ広大な西光寺野の開発に、道臣が大きな期待をかけていたことは間違いないでしょう。そして、何より注目したいのは、一行の中で彼だけが三木家を一泊の宿に指定していることです。

一、晩方御人直ニ此方御召し出し、御奉行様・御代官様御立ち合いニて河合様仰せ聞かされ候は、其方義、御新開ニ付き、格別出精致し候ニ付き祝い遣し候との御意ニて、左の御目録下され候、

図3-1　西光寺野の開発計画

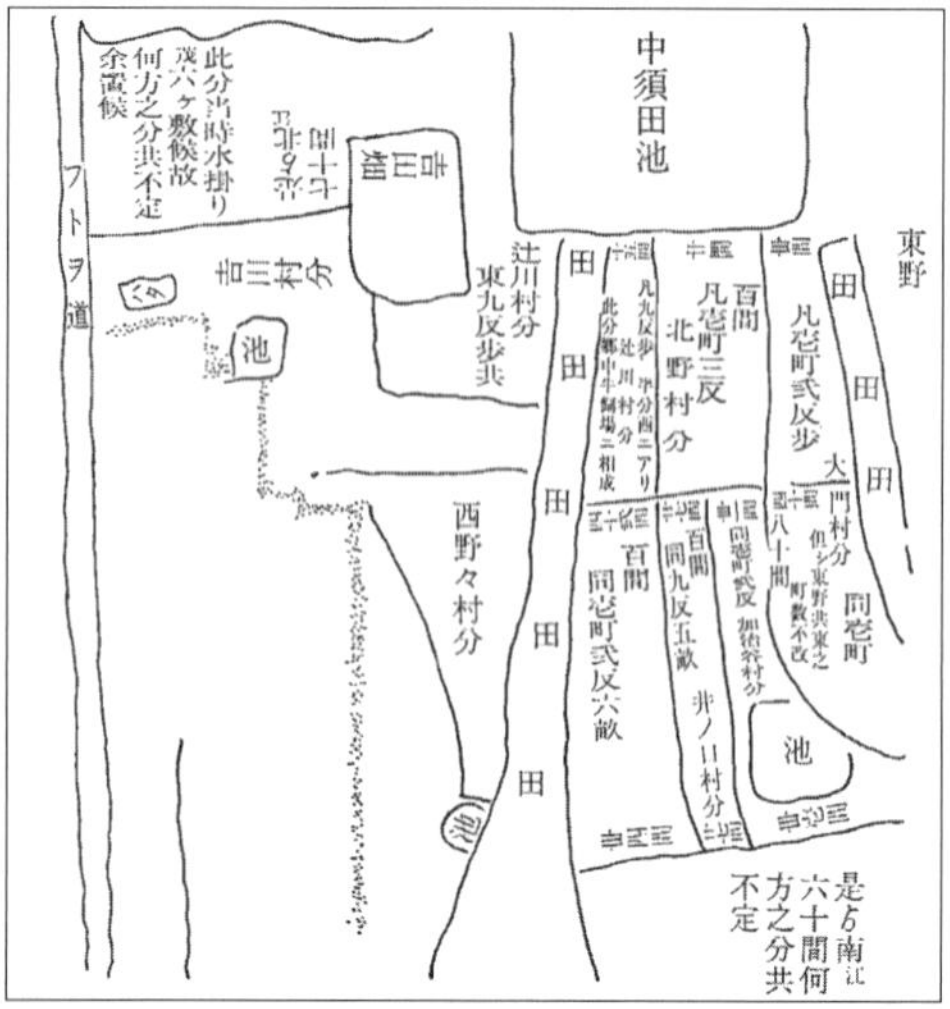

『福崎町史』第３巻　P593より。

図3-2　現在の地図上における西光寺野の開発計画範囲

『福崎町史』第１巻　付図Ⅱをもとに作成。

但し、羽織袴ニて上の間シキイの際え罷り出で候、

御目録折紙

紋附小袖一

杉原
三ツ折

この記事は、道臣が三木家を宿とした一七日の晩の出来事についてのものです。使いの者に藤作は召し出され、奉行・代官立ち会いの下で、道臣から、新田開発に格別出精しているとのことで、祝儀として紋付小袖一具の目録を下賜されたのです。その際、藤作は羽織袴姿で、上の間の敷居の際《きわ》にありました。大きな身分の違いによることですが、家老が直々に出向き、財政改革に尽力する藤作に褒美をとらせるということは、見方を変えれば、藤作のような存在なくして財政改革は実現しなかったということでしょう。

その夜、藤作よりもむしろ道臣が上機嫌でした。日記によると、夜分に再び藤作は召し出され、道臣から餅菓子と薄茶を与えられ、その上、話をしたあとには歌まで詠んでもらっているのです。さらに、道臣は後日、詠草《えいそう》（詠んだ歌や俳諧を紙に書いたもの）まで下すことを藤作に約しています。一七日

の見分を終え、藤作の勤務出精ぶりに感心してのことだったに違いありません。

回家中同様の扱いを受ける

大庄屋の藤作は、そのほかにも多くの仕事を手掛けていました。例えば文政一〇年（一八二七）七月、御着《ごちゃく》組御着村の土橋《どばし》が破損したため石橋に仕替えることになったところ、辻川組大庄屋として自分に仕替えを命じられるよう道方役所へ願い、金一五〇両（約九〇〇万円）を上納し、自らの管轄する組を越えてまで、姫路藩領内のインフラ整備に乗り出しています。

また、被災者の救済も行っています。文政一〇年八月二七日、御立組仁豊野《にぶの》村の小松屋長十郎新宅の酒造蔵から出火し、五三軒が類焼したところ、藤作は翌日早朝に白米一石六斗、被災者家別にして三升ずつを見舞いに遣わしています。翌文政一一年（一八二八）一二月一八日には、山崎《やまさき》組西谷《にしたに》村惣八宅から出火し、三軒が類焼しました。四家とも至って困窮していると聞いた藤作は、二八日に白米二斗、一人につき五升を遣わしています。彼は自らの管轄する組はもちろん、ほかの組でも救済活動を行っていたのです。

藤作の領内における貢献度には目を見張るものがあり、これまでの大庄屋としての仕事も含め、彼は姫路藩から褒賞されることになります。

文政一一年三月二三日、在年行事（触元大庄屋）から藤作宛てに、「御自分儀御用の儀これ有る間、明廿四日五半時、御用場へ罷り出でらるべく候」と飛脚便が届きます。御用があるので、明日二四日午前九時に御用場へ出頭せよ、というのです。そこで御用場へ出頭したところ、藤作は中の間へ召し出され、奉行の河合孫市郎から次の書付を下されています。

辻川大庄屋
三木藤作

其の方儀出精相勤め候ニ付き、親甚右衛門旧席の通りニ仰せ付けられ、且つ御用の節御合印挑灯御免成され候、

この書付の通りに孫市郎から申し渡され、その上で書付を下されています。大庄屋三木藤作が勤務出精につき、親の甚右衛門旧席の通りに申し渡され、かつ御用の節は合印挑灯《あいいんちょうちん》（提灯）の使用を許可されているのです。親の甚右衛門とは三木家五代の通庸（甚右衛門は通称）のことで、親と同じ席次を認められたということです。合印挑灯とは姫路藩の合印（家紋とは別に使用した略章）が入った提灯を指します。

このあと、藤作は藩役人から、「御家中同様ニ御合印付け候様」に聞かされます。家中同様に合印を付けよ、とはどういうことでしょうか？　これまで御用商人なども合印の使用を許されていましたが、「皆蔭ニいたし御合印付け」ていたといいます。皆、提灯の隠れて見えない部分に合印を付けていたようです。これは藩から命じられてのことでした。しかし、このたび藤作は「表ニて御家中同様

ニ付」けることを許可されたのです。右の書付にはそのことが特段書かれてはいませんが、これまで許可されたものは皆陰に付けているため、間違いのないように、陰に付けるのではないことを藤作は説明されたのでした。

藤作は説明を受けたあと、「殊に御家中同様の御合印御免の儀、在町共是迄無類ニこれ有り候」と記しており、家中同様に合印を使用する許可を得、そして姫路藩領内で従来そのようなことがなかったことに驚くと同時に、誇りをも感じたことでしょう。家老をはじめ、道方奉行の手付に至るまで御礼に回っています。

史料的制約により、詳細はわからないのですが、次に藤作が父と同じ席次を認められた点に注目してみましょう。姫路藩の大庄屋制は規模が大きく、そのこともあってか大庄屋には序列があったようです。その中の最上席が三木家だったといわれています。この点を確実に示す史料は見つかっていませんが、姫路藩史上、藤作が初めて家中同様に合印の使用を認められていることからも、むしろそう考えるほうが妥当でしょう。なお、藤作が自らの管轄する組以外でも大庄屋として活躍していたことからは、彼がその時点でも上位の席次にあり、管轄する組を越えて行動することが可能であったことが窺えます。

既述のように、姫路藩の領主権は強いものでした。そして、領主支配機構も体系的に整備され、しっかりとした体制が敷かれていました。したがって、姫路藩の場合は、大庄屋へ大幅に支配権を委譲する必要はありませんでした。姫路藩は藤作に、大庄屋の中でも上位の席次を認め、合印の使用方については家中同様であることを強調していますが、武士にまではしていません。しかし、彼の領内支配における貢献度の高さを評価し、右のように褒賞したのです。姫路藩としては特段藤作を武士にする必要性がなかっただけで、「家中同様」を強調していることからすれば、藤作は以後、限定的とはいえ、まさに家中同様の扱いを受けることになったのでした。

なお、今回の褒賞は、御着村での橋の仕替えがきっかけでした。ただし、藤作は自分が多額の寄付を姫路藩にしたことは口にせず、世間では同藩主体の御普請ということになっていました。こう書けば美談ですが、およそ世の中に無私の精神を持つ者など、まず存在しません。そもそも、そのような人物が地主経営などをするはずがありません。藤作は富の社会的還元を行う「公」の理念を一方で持ちつつ、「私」を捨てることはありませんでした。藤作は大地主として経済的上昇を果たしていましたが、加えて、さらなる政治的上昇をも望んでいたのです。藤作はいいます。橋の仕替えについて「下拙ハ蔭ニ相成り候得共、御上の御書留ニは形合い委細御記しこれ有り候」と。自分は陰になっているが、御上の書留には詳細が記されている、という意味です。そして、道方奉行所の役人が、今回の件を「万端御取り持ちニこれ有り候」とも記しており、実は道方奉行所の役人が今回の褒賞に繋げてくれたのです。藤作は御上《おかみ》、すなわち姫路藩との関係を視野に入れて、多額の寄付をしたといえます。最後に、藤作は次のように締めくくっています。

尤も帰席の儀ハ格別、御家中同様の御合印御免の義ハ御領中在町共是迄御例これ無く、至極御大切の事の由ニこれ有り候得共、右内意の訳もこれ有り候得ば、代替わりの節ニても手筋ニて御内意相願い候得ば、代々御免ニも相成るべく哉ニ候、其の時の重ねの勤め次第ニこれ有り候、

大庄屋の最上席に返り咲いたことは格別、家中同様の合印を許可されたことは、領内に先例がなく、至極大切なことである。三木家当主が代替わりする際に願えば、三木家代々の当主が家中同様の合印を許可されるだろうか。その時の大庄屋としての勤め方次第である、という意味です。

冷静な判断を下していますが、藤作は、特に家中同様に使用を許可された合印に執着心を見せているといえます。領内に例のなかったこの特権を、自分のみならず、三木家代々の当主が引き継いでいくことを希望しています。なお、翌文政一二年（一八二九）四月には、藤作は勤務出精につき、奉行衆から青毛の名馬まで預けられています。これも家中同様の扱いを受けている証でした。藤作は尚更、特権の継続を強く希望したことでしょう。

私は藤作を非難しているわけでも何でもありません。このような身上がり志向は、当時の大庄屋など広域行政を担う村役人は特に強く持っていました。藤作の場合は、その様子が史料から具体的に知られるので、紹介した次第です。

身分制社会に生きていない現代人にはわかりにくい感覚ですが、当時は、武士以外の身分の者に、武士、あるいは武士同様の扱いを受けたいという気持ちが存在していました。とりわけ地主・豪農として経済的に成長し、大庄屋など広域行政を担う村役人にまでなった者は、しばしば強い身上がり志

向を持っていたのです。しかも、それは個人というよりは、特権を得た場合には、家として継続されることを願う傾向にありました。

いずれにせよ、藤作は家中同様の扱いを受けることになりました。藤作がそれを望んでいた側面を見ましたが、姫路藩としても、よい機会になったでしょう。秀でた大庄屋に大きな褒賞をとらせることで、さらなる勤務出精を期待でき、ほかの大庄屋たちにとっては刺激にもなったからです。こうして大庄屋と姫路藩の、いわば利害を一致させることは、領内支配をより充実させていく上でも重要なことでした。

最後に、姫路藩の大庄屋であった三木家六代目の当主に焦点を当てて、その仕事ぶりを見てみました。六代目の藤作に焦点を当てたのは、彼が大庄屋として類い稀なる活躍を見せていたこと、そしてその時期が、河合道臣が財政改革を実施していた時期と符合するからです。

藤作は組内で多岐にわたる仕事をこなしていましたが、道臣が財政改革を実施するにあたっては、大庄屋もその中に組み込まれたのです。従来、この姫路藩の財政改革自体はもとより、大庄屋がどの程度までその施策に関与していたのかは明らかになっていませんでした。本章は、そのことの解明自体を目的とはしていませんが、その一端を解明することで、結果として、姫路藩の大庄屋制のあり方にもある程度迫り得たと確信しています。大庄屋の藤作は、姫路藩の財政改革まで支え、実現に導いていたのです。姫路藩のような領主権が強く、領主支配機構もしっかりした藩であっても、支配を実現していくためには、大庄屋の支えなくしては儘ならなかったのです。

改革政治ということでいえば、前章で見たように、御三卿清水家は領知支配のために、寛政改革をきっかけに「取締役」を設置し、彼らを通じて支配を充実させようとしました。領主権には強弱がありましたが、多かれ少なかれ、徳川時代後期には「取締役」や大庄屋といった村役人に頼らなければ、領主支配を円滑に行うことはできなかったのです。

そして、しつこいようですが、大事なことなので繰り返しておきます。姫路藩の大庄屋制もまた、同藩が敵対的な関係にあった地主・豪農層と手を組む柔軟性を発揮したからこそ、徳川時代後期においても運用できたのです。中でも藤作が同藩の財政改革を支える様子を見る時、大地主三木家が本百姓体制を崩していく存在であることは承知の上で、その巨大な資金力を利用しようとする藩の思惑があったことがわかります。大地主経営から必然的に生じる広範囲に及ぶ地域での統括力も、もちろん魅力的だったでしょうが、財政改革を実施しなければならないほど窮乏していた姫路藩にとっては、清水家と同様、むしろ大庄屋の財力のほうが魅力的に映ったことでしょう。

いかに譜代雄藩といえども、財政窮乏を放置し続ければ、最終的に藩の崩壊は免れません。姫路藩は大庄屋制を改革し、より円滑な領内支配を目指しつつ、地主・豪農として成長した彼らに頼りながら、藩財政の立て直しをも実現していったのでした。

終章◎徳川日本と村役人

回徳川日本を支えた村役人

序章の問題設定に従って、終章では徳川日本と村役人の関係について、私なりの考えを示すことにしましょう。

これまで四人の村役人を事例として、彼らの仕事を詳しく見てきました。そのことを踏まえれば、村役人たちが徳川社会を支えていたことがよく理解されるでしょう。

徳川社会は村を基盤とした兵農分離の社会であり、村の運営は村役人らによって支えられる度合いが非常に強かったのです。繰り返しになりますが、徳川社会を構成している最大の要素は村でした。全国の村数は、元禄一〇年（一六九七）時点で六万三二七六、それ以降もその数に大きな変化はありません。多数の細胞が寄り集まって人体を構成するがごとく、厖大な数の村々が徳川社会を形づくっていたのです。そして、これら村々で主導的役割を果たしたのが村役人でした。

兵農分離の社会にあって、武士は城下町などの都市に集住したため、村々を直接支配することができません。その結果、幕藩領主は村役人に村・地域支配を代行させることによって、全国六万三〇〇〇余の村々を掌握し、百姓を支配したのです。

なお、村は自治の単位でもあり、組合村なども自治の単位となる場合があり、村役人がその代表者として立ったことは事実です。しかし、徳川時代の村や地域（組合村など）は、幕藩領主によって支配の単位とされ、村役人はその内部で領主支配を実現する任にあたっていたことも紛れもない事実です。日本史の教科書では、いわば村役人の基本的立場が軽視される傾向にあるため、本書では、この立場にも十分注意を払ったつもりです。本書では僅か四人を取り上げたにすぎませんが、そのほかの多くの事例を見ても、村役人の基本的立場は、文字通り役人であったというのが真実です。

こうして見てくると、村役人らが、村の代表者として、そして村の行政官として徳川社会を支えていたことは間違いありませんが、社会に限るものではないといえます。社会に基盤を置き、社会のみを支えているように見える村役人ですが、社会を支えることは、幕藩領主支配を支えることにもなっていることは見落とせません。その意味で、村役人は徳川時代の国家と社会、つまり徳川日本を支える存在にほかならなかったのです。

回村・地域支配の実務者

まず、村役人の役人という基本的立場をどう評価すべきかを問題にしましょう。

名主であれば村を単位に、大庄屋・惣代・取締役などであれば組合村などを単位に領主支配を代行していました。このことの意味は、非常に大きいといわなければなりません。なぜなら、幕藩領主支配は、彼らの手を経て初めて社会で実現することができたからです。御触書一つをとっても、彼らを通じて村民に伝達されなければ、一片の紙切れにとどまりました。幕藩領主支配は村役人の助けがなければ、実際に行うことはできなかったのです。

御触書の伝達については本書で何度か取り上げましたが、幕藩領主にとってそれ以上に、いや最も重要なことは年貢の徴収でした。安定した財源を確保できなければ、そもそも支配を行えず、自らの存続にも関わりました。したがって、財源の確保は、幕藩領主にとって最重要課題だったのです。しかし、年貢の徴収もまた、幕藩領主はもちろん、その家中が行ったのではありません。各村の名主が中心となって実行に移したのです。そして、年貢を払えない者がいる場合は、その者の年貢を立て替えることも名主の役目であり、第一章で見たように、財政基盤が元々脆弱な旗本などが領主である場合は、やはり名主が中心となり、その財政を支えることさえしなければならなかったのです。

そのほか、名主は村内の治安維持、インフラ整備、村内人口の把握、さらに、宿駅近傍の村の名主であれば、助郷役《すけごうやく》の賦課なども行いました。いずれも国家・領主支配に関わるものであり、本来的には武士の仕事でした。しかし、武士は都市部から各種指令を出すだけで、基本的に村支配においては、名主が実務を担ったのです。

いま年貢徴収の話をしましたが、そもそも幕藩領主が安定的に財源を確保することは容易ではなく、名主に任せておくだけで何とかなる類いの事柄ではありませんでした。当たり前のことですが、百姓経営が維持されなければ、百姓は米などを生産することもできず、安定した財源に結びつきません。しかし、この百姓経営の維持自体が容易いことではなかったのです。

第二・三章で年貢割付状（免状・免定）を、また第一章ではそれに類する文書を見ましたが、かなり高率の年貢を賦課されています。徳川時代の年貢率は四公六民や五公五民といわれていますが、百姓が田畑の収穫量の四割、あるいは五割を上納するということですから、重税としかいいようがありません。しかも、領主によっては、さらに高率の年貢を賦課することがありました。したがって、百姓が領主への重税に耐えつつ、その経営を維持することは難しかったのです。当時、百姓経営を維持することを「百姓成り立ち」といい、その保障のために「御救い」、つまり救済を行うことが、幕藩領主に課せられた社会的責務とまでなっていました。夫食貸《ぶじきがし》・種貸・年貢減免などが、ほぼ常に必要とされたのです。百姓による年貢上納の重さと引き替えに、領主は救済を百姓に施したのでした。

しかし、このような措置は、徳川時代後期に至って限界を迎えます。後期には、農村への商品・貨幣経済の浸透、並びに凶作・災害の頻発によって貧富の差が拡大し、困窮し没落しかかる多数の百姓が存在して、余業の展開と脱農化現象が広く見られたからです。このような状況下では、幕藩領主は財政窮乏状態に陥るほかはありません。当然、幕藩領主はこの事態の是正を意図し、かつ自らの存亡をかけて、改革政治を断行するのが一般的です。第二章で見た文政改革、第三章で見た寛政・天保両改革、そして第四章で見た文化改革も、大局的に見れば、同様の趣旨から断行されたものでした。

しかしながら、いずれの改革政治でも政策を立案するのは武士であり、その意味で彼らは政策主体ですが、それを現場で実行に移すのは武士ではありません。武士は指揮官であっても、基本的に実動部隊ではないのです。本書では直接扱いませんでしたが、幕府の寛政改革を行った老中の松平定信《まつだいらさだのぶ》は、同改革で特に重視した囲穀《かこいこく》政策を、村などに赴いて、自ら実施したのでしょうか？　答えは否です。また、本書で登場させた姫路藩家老の河合道臣は財政改革の立役者として有名ですが、彼が実際に新田開発を行ったのではありません。新田開発を大庄屋に指示したり、視察を行ったりしても、下級武士まで含めて、彼ら武士が実際に現場で改革政治を実現に導いたのではありません。いうまでもなく大庄屋・取締役・惣代などの村役人がそれを実現に導いたのでした。

彼らは、農村への商品・貨幣経済の浸透によって、困窮し没落しかかる多数の百姓の対極に位置する、地主・豪農として成長した上層百姓です。幕藩領主にとっては本百姓体制を崩壊に導く憎き存在ですが、彼らの地域での統括力と強大な財力は、当時の幕藩領主にとって魅力的なものでした。特に激しい財政窮乏下にある領主にとっては、彼らの財力は改革政治を遂行する上で必須の位置を占めていました。御三卿清水家の社倉政策（第三章）、姫路藩の諸積銀（金）制度・新田開発（第四章）は、「取締役」や大庄屋の存在を前提として進められたといえます。また、改革政治とは離れますが、第二章で見た千住宿の助郷役の賦課に際し、佐野《さの》家が多額の出資を行っていたことも見逃せません。国家的課役さえ、地主・豪農の資金力があてにされていたのです。

もちろん、大庄屋・取締役・惣代などの地主・豪農としての地域での統括力も、改革政治を遂行する上で重要な要素でした。文政改革、寛政・天保両改革、文化改革のいずれにおいても、彼らは改革組合村、組合村・郡中、組、あるいはその枠組みを越えて行動しています。徳川時代後期には、一村を越えて各種問題が頻発するようになるのですが、それは、農村への商品・貨幣経済の浸透と無関係ではありませんでした。幕藩領主が村を行政区画として支配を行っていても、経済発展はそうした行政区画を越えて展開します。現代でもそうですが、経済活動は政治的枠組みを乗り越えるのです。本書で問題としたところでは、余業の展開がわかりやすいでしょう。文政改革では、関東一円（相模・武蔵・安房・上総・下総・常陸・上野・下野の八カ国〈関八州〉）を範囲に、領域を越えて改革組合村を設置して余業の調査・取り締まりが行われ、播磨国清水領知の天保改革でも、組合村・郡中を範囲にそれらが行われました。各村の名主だけでは対処できない新たな問題群が、広く発生するようになったのです。そして、これら問題群に対処するのに活用されたのが、大庄屋・取締役・惣代などの村役人でした。それもそのはずです。彼らは地主・豪農として一村を越えて地主・豪農経営を行っていたのであり、当時の地域事情に精通していました。ある意味、「目には目を」、といったところでしょうか。

さて、改革政治に限らず、彼らの地域での統括力は、広域行政を担う村役人として遺憾なく発揮されました。広域的な御触書の伝達、願書の取り次ぎ、治安維持、裁判などが該当します。名主の場合にも述べましたが、改革政治の施策を含め、いずれも国家・領主支配に関するもので、本来的には武士のなすべき仕事です。しかし、大庄屋・取締役・惣代などは、基本的に各々が管轄する広域行政区域内で、武士から各種指令を受けて、実務は基本的に彼らが担ったのでした。

ここまで見てくると、名主は村支配の実務者、そして大庄屋・取締役・惣代などが地域支配の実務者であったことはもはや明らかです。武士が政策主体であるならば、村役人たちは政策実現主体とでもいうことができるでしょう。

通常、私たちは、幕藩領主が支配者であり、権力を備えた存在と考えます。日本史の教科書なども、大半が幕藩領主を中心とした上からの視座で記述され、このような歴史観は広く流布しているでしょう。間違った歴史ではありませんが、幕藩領主はいかにして支配者として存在し、権力を持ち続けることができたのでしょうか？　御触書を伝達できず、年貢さえ自分たちで徴収することができなかった武士たちです。幕藩領主は村役人に支えられて初めて支配者となり、権力を振るうこともできたのでした。

回村・地域のリーダー

徳川時代の村・地域は幕藩領主によって支配の単位とされましたが、次に、村はもちろん、組合村なども自治の単位となることがあった点を問題にします。

現代に引きつけて捉えれば、前項で見た村役人の行動は地方自治に似ていますが、ここでいう自治とは、「自分たちのことを自らの責任において処理すること」とし、近代以降の地方自治と区別することにします。要するに、徳川時代の自治は、本来、幕藩領主支配からは独立したものでした。

既述のように、徳川時代の百姓たちは、名主という行政官を頂点としたピラミッド型の秩序が幕藩領主によって村内に持ち込まれたことを受け入れつつも、それを全面的には好しとせず、村民は名主に村政を委任することで、自分たちの代表者として捉え返したのでした。その結果、名主は村の行政官である一方、村の代表者として自治的な村運営も担うことになります。

村役人の自治については、どこまでをそう捉えるかは難しいところです。名主であっても、その人物が個人的に用水や山野の管理、また諸会合に参加している場合は、村役人の自治とはいえないでしょう。名主があくまで居村を範囲に、村政とは別に、村の利害を代表して取り組むような仕事がそれに該当すると考えられます。そのような観点から本書で取り上げたのが、来村者への対応、村議定の制定、村法の制定、組合村議定の制定、災害への対応です。

村議定と村法は同じものとして捉えるのが一般的ですが、第二章で例にとった両者は性格が異なるため、分けて捉えました。その詳細は第二章に譲るとして、こうした村を単位とする法は、領主から命じられて制定するものではありません。まさに村の自治を示すものとして、これまでも注目されてきました。村議定は幕藩領主の御触書などをきっかけに制定されることが多かったのですが、領主が百姓の休日を減らすように命じても、それは村ごとに、名主が中心となって決めていたことです。このこと自体も名主の自治的な仕事ですが、御触書を受けて、名主は百姓の休日を村民と相談の上で、村の慣習や状況に応じて、村議定でもって制定し直しています。しかも、休日の日数を減らさないで休養時間を短縮したのでした。しかしその後、天保の飢饉に遭い、百姓困窮につき一層農業出精する必要があるとして、名主自身の判断で休日を減らすことを決めた村法を制定しています。このように、名主はまさに村の利害を代表し、村民が不利益を被らないよう臨機応変に物事に対処していたのです。

来村者らへの対応も、村の利害を代表する名主の仕事でした（凶作時などに幕藩領主から命じられることもありましたが、本来、村の代表者としての仕事です）。本書では、第一章で上野《こうずけ》国吾妻《あがつま》郡岩井《いわい》村を例にとっただけですが、これはほぼ全国の名主に共通して見られた仕事です。勧化《かんげ》の者・浪人・座頭《ざとう》などの来村者は時代が下るにつれて増加する傾向にあり、村民にとっては、何度も奉加《ほうが》を求めて来られては負担以外の何物でもありません。こうした状況を前に、村民の負担を軽減すべく、名主は来村者に対応していたのです。村中から奉加を集めて来村者へ遣わしたり、奉加を立て替えたりすることもありました。こうして窓口を名主に一本化することで、村民は幾度も来村者に対応する煩わしさから解放され、また、相対《あいたい》で高額の奉加を要求され、来村者と村民の間でトラブルが発生することを防いでいたのです。時には領域を越えて村々が連合し、来村者への対応を講じたことも見逃せません。

災害への対応も、やはり村の利害を代表する名主の重要な仕事です。徳川時代にはいくつもの大災害が発生し、幕藩領主はそのたびに復興に乗り出しています。しかし、幕藩領主に任せておくだけで、十分な復興がなされたわけではありません。名主らの活躍もあってのことでした。第一章で取り上げた浅間山の噴火、第二章で見た安政江戸地震共に大災害であり、幕藩領主は復興に乗り出します。しかし、前者であれば、名主平治右衛門が知行所《ちぎょうしょ》を代表する惣代（代表者）として旗本保科《ほしな》家へ年貢延納と年貢減免を願ったり、幕府が公儀（国家公権）として復興に乗り出してからも、領主からの救済だけでは不十分として、何度も幕府による救済を願ったりしています。こうした名主の積極的な働きかけがあって、村の被災者救済や災害復興が実現していったのです。後者の安政江戸地震に際しても、名主賢次郎が幕府の救済を待つだけでなく、自らが大半を負担していた貯穀の拝借を願うという機転にも富み、こちらから幕府に働きかけることで、迅速な被災者救済を実現に導きました。名主は村の行政官として、注進状を以て被害状況を領主に知らせたり、災害状況を調査したりし、災害の発生に際しては行政官としても関わりましたが、右に見た行動は、村の代表者としてのものでした。

名主ばかりではありません。大庄屋・取締役・惣代などもまた、地域の代表者として行動することがありました。彼らの場合は、基本的に地域住民から委任を受けているのではなく、その代表性は、幕藩領主によって組合村などの統括者として設置された、そのこと自体から生じる性格のものです。ただし、そのことのみならず、地主・豪農として地域を統括し、かつ富の社会的還元を当然とするような彼らには、これまた地域住民から委任を受けているわけではありませんが、地域を代表する性格を備えていたと考えてよいでしょう。後者の代表性に支えられて、前者の代表性が強化される場合もありました。

さて、彼らは一般的に官的性格が強く、まさに役人として仕事をこなすことがほとんどでした。しかし、組合村議定を制定することがしばしばありました。第二章で取り上げたように、改革組合村でもしばしば組合村議定が制定されました。組合村議定も村議定と同様、御触書などをきっかけに制定されることが多く、第二章で事例とした下肥値下げに関する議定もその例に漏れません。すでに関東取締出役が下肥値下げに関する規定を定めていましたが、下肥の高騰は改革組合村の百姓たちにとって農業に響く見過ごせない重要な問題であり、かつ栗原組合村の状況に合わせるべく、自主的に議定を制定したと考えられます。

ところで、姫路藩の大庄屋は、藩からは組の惣代として位置づけられてはいますが、藩役人的であり、自治を行うような性格を持つ存在ではありませんでした。しかし、それは基本的な性格であり、大庄屋でも領民の利害を代表することがありました。大庄屋を務めた藤作は、御着《ごちゃく》組御着村の土橋から石橋への仕替えに際し、姫路藩に命じられたわけでもないのに、金一五〇両を上納し（身上がり志向と密接に関わりますが、領民の利害を代表することと矛盾はしません）、姫路藩領内のインフラ整備に力を貸しています。また、御立《みたち》組仁豊野《にぶの》村などで火事が起こった際、藤作は被災者の救済も行っています。彼は自らの管轄する組はもちろん、ほかの組でも救済活動を行ったのです。これらは大庄屋の職務というより、惣代性が発揮された結果といえます。

こうして整理してくると、名主は村の代表者としても尽力し、大庄屋・取締役・惣代なども、強弱はあるにせよ、地域の利害を代表する側面を併せ持っていたことが理解できるでしょう。彼らは、それぞれ村・地域のリーダーとしても存在していたのです。

幕藩領主の支配の行き届かない部分は、村役人たちが村・地域の百姓を代表して行っていたのです。つまり、自治が支配を補完し、支配の対象とならない社会の問題に対処していたのでした。

以上、徳川時代における村役人の村・地域の実務者としての側面、そして村・地域のリーダーとしての側面に焦点を当ててまとめましたが、彼らの重要性については、いくら強調してもし過ぎるということはありません。彼らの尽力によって、支配は実現され、そして社会は安定性を増していったのです。村役人が徳川日本を支える存在であったというのは、大袈裟な表現でも何でもなく、私は当り前のことをごく普通に述べたにすぎません。

回近代化と村役人の行方

最後に、徳川時代が終焉を迎えたあとの村役人たちの行方について述べ、本書を締めくくりたいと思います。

徳川時代の村役人が、名主はもちろん、大庄屋・取締役・惣代なども実に幅広く多岐にわたる仕事を行っていたことは、もはや言を俟たないところです。序章でも触れたように、彼ら村役人の仕事は、税務・警察・裁判などにも及び、その権限は非常に大きいものでした。現代でいえば、名主は村長、大庄屋・取締役・惣代などは町長、場合によっては市長に相当しますが、彼ら村役人は、現代の村長・町長・市長よりも遥かに大きな権限を持っていたのです。

こうした徳川の社会システムがあったからこそ――最終的に徳川時代は終焉を迎えはしましたが――徳川日本は延命し、二六〇年の長きにわたり、平和と安定を享受することができたのです。

この徳川の社会システムの中で、名主らはもちろん、幕藩領主が大庄屋・取締役・惣代などを設置し、社会状況の変化に対応して、支配権の一部を委譲、言い換えれば支配の一部を委任していった点も重要です。このことは、従来の支配方式が変更されたことを意味するからです。

しかし、そこまでしておきながら、幕藩領主は彼らを百姓のままにし、思い切って官吏《かんり》に転換しませんでした。そこに幕藩体制の弱さがあったと見ることができます。三枝《さえぐさ》家（第三章）のような完全に武士に編入される例もありましたが、多くの場合、武士身分へ編入されたとしても、それは一時的なものでした。三木藤作（第四章）に象徴的なように、当時の村役人は身上がり志向を持つ者が多く、彼らを武士身分に編入して官吏に転換すれば、彼らのモチベーションも上がり、徳川の社会システムはより強固なものとなって、徳川時代はさらに長きにわたったかもしれません。

仮定の話はさておき、村役人らを官吏に転換できなかったことが幕藩体制の限界でしたが、これを解決したのが明治政府でした。村役人らは徳川時代に培った、村・地域の実務者、また村・地域のリーダーとしての能力を、下級官吏である戸長《こちょう》・区長などとして明治政府の下で発揮していったのです。

本書で事例とした四人のうち、武蔵《むさし》国足立《あだち》郡佐野新田《さのしんでん》の佐野家（第二章）は明治初期には名主として引き続き村政を担当していましたが、史料的制約によって、以後の職務は明らかではありません。しかし、ほかの三人は明治政府の下で継続して地方行政に携わっていたことが判明します。岩井村の伊能《いよく》家（第一章）は、明治期（一八六八～一九一二）に戸長および太田村の村会議員や村長などを歴任しており、播磨《はりま》国神東《じんとう》郡辻川村の三木家（第四章）は郵便局長を務めたり、村会議員となったりしています。中でも明治期の動向が、最も詳細に判明するのが播磨国加東《かとう》郡河合中《かわいなか》村の三枝家（第三章）です。その一端を示しましょう。

慶応四年（一八六八、九月八日に明治に改元）、二九代五郎兵衛は旧知の間柄であった山中伝十郎と京都で会い、地方統治案を語りました。伝十郎は会計官商法司の判司事であり、彼の仲介によって、五月八日に、五郎兵衛は参与《さんよ》の由利公正《ゆりきみまさ》に召喚されて献策を行うことになります。五郎兵衛の献策を聞いた公正は、これを書面で提出するよう求めました。五郎兵衛はこれに応え、一六日に公正へ文書を提出しています。

二九代五郎兵衛も、父同様に武士として清水領知で庄屋・「取締役」を務めており、幕府が倒れたあとでも、これまでの村・地域で活躍した経験を活かし、新政府の下で地方行政に関わることを望んでいたのです。しかし、伝十郎の仲介があったとはいえ、当時の三職の一たる参与が、五郎兵衛を召喚して献策を聞くとは驚きです。五郎兵衛は、当時の税制・金融・流通などについて、まず全国を対象とした構想を提示し、それを前提に播磨一国を対象とした地域運営構想を存分に展開して、自らも官吏として職務に従事することを希望したのです。

五郎兵の献策のいくつかは、明治政府の地域運営政策に取り入れられました。また、慶応四年六月には、兵庫商法会所に出張していた公正に再び召喚された五郎兵衛は、「播州加東郡、加西郡、多可郡、会計御基立調進金並びに拝借取次」に任命されています。こうして、五郎兵衛は会計基立金の調達と金札（太政官札）の貸し下げを行い、毎月三度ずつ兵庫商法会所に出勤することになったのです。いわゆる由利財政を、播磨国三郡で実行に移す役に就いたのでした。

明治黎明期の特筆すべき事例を紹介しましたが、以後も三枝家は河合中村の村会議員や村長などとしても活躍していたことが確認できます。

いずれの人物も、徳川時代に村・地域で活躍した経験があったからこそ近代地方行政を担うことができたのであり、逆にいえば、明治政府も彼ら村役人たちの力を借りなければ、新たな政権としての地歩を固めることはできませんでした。近代に入っても、村役人たちの仕事は形を変えて生き続け、今度は近代日本をも支えたのでした。

あとがき

私は、長らく徳川時代の農村を対象に研究に取り組んでいます。一口に農村を研究するといっても、さらに細かく研究分野が分かれます。私は、その中でも「地域社会論」と呼ばれる分野を主たる専門とし、特に村役人に焦点を当てて、彼らを核に形成される地域社会の構造を解明しようとしてきました。本書は、そうした私の研究成果をもとに執筆したものです。

ところで、前著『徳川社会の底力』(柏書房)は、いわゆる徳川時代の通史ですが、従来にない形の通史に仕上げたと自負しています。タイトルからわかるように、どこまでも社会に視点を置き、かつその視点は、私のこれまでの研究成果から導き出されたものです。社会秩序の維持や社会の安定ということを基本に据え、その安定をもたらした様々な仕掛けを重層的に展開することで通史としたのです。そして、その視点からは、必然的に、村役人に焦点を当てて徳川社会のあり方を論じることにもなりました。その意味で、本書は前著の姉妹版にあたる、と私は捉えています。本書は通史ではありませんが、ほかでもない私が同様の問題意識を持って、前著に続いて執筆したのです。視点は両書において共有されています。

本書において、私は村役人の存在にこだわり、その仕事について詳述しました。もちろん、それだけ村役人の存在が重要であるからなのですが、近年の研究状況、そして、それを反映する形で執筆される教科書などに、私なりの違和感、もっといえば危機感を感じているからでもあります。一九八〇年代から九〇年代にかけては、地域社会論の全盛期で、多くの研究者が農村を研究対象として、村役人の中でも広域行政を担う存在に注目した、優れた研究成果が生み出されました。それ以前には、名主をはじめとする村方三役に関する研究も多くなされました。しかし、何事にも流行り廃りがあるように、近年は村役人、さらには農村そのものを対象とした研究自体が大きく後退するに至っています。

すでに本書の中でも触れたように、徳川日本は村を基盤に成立しており、徳川時代がどのような時代であったのかを解明しようとする時、村を視野に入れなければ、その全体像なり、本質を解明することは不可能です。研究というものは、進めていくうちに、どんどん細分化される傾向にあります。政治史・経済史・都市史・宗教史・文化史など、枚挙に暇がありません。しかし、いずれの研究分野も村と繋がっているのです。実際、私は右に示した研究分野のほとんどに関わる研究も行っており、自らの経験にも裏づけられての発言です。

押し付けがましいことをいうつもりはありませんが、本書は、右に述べたような想いが基底にあって、私なりの提言も含めて執筆しました。本書が、今後の徳川時代の研究や、その理解に幾分でも寄与するところがあれば、それに勝る幸せはありません。

最後に、本書を刊行していただいた東京堂出版と、本書の執筆を勧めて下さり、また自ら編集の労を取ってくださった小代渉さんに、厚く御礼を申し上げます。

二〇一八年秋麗

山﨑善弘

参考文献

青木　裕「岩井村における浅間焼け後の経過――吾妻郡吾妻町岩井伊能光雄家関係史料の紹介」（『群馬県史研究』第一二号、一九八〇年）

大石慎三郎「武蔵国組合村構成について」（『学習院大学経済論集』第四巻第一号、一九六七年）

奥村　弘「近代日本形成期の地方名望家の特質について――東播磨加東郡を事例に」（藪田貫・奥村弘編『近世地域史フォーラム　二　地域史の視点』吉川弘文館、二〇〇六年）

関東取締出役研究会『関東取締出役』（岩田書院、二〇〇五年）

倉地克直『江戸の災害史――徳川日本の経験に学ぶ』（中公新書、二〇一六年）

久留島浩『近世幕領の行政と組合村』（東京大学出版会、二〇〇二年）

志村　洋「大庄屋と組合村」（『岩波講座　日本歴史』第一四巻　近世五、岩波書店、二〇一五年）

白川部達夫『近世の百姓世界』（吉川弘文館、一九九九年）

羽田真也「播州姫路藩の触元大庄屋と在年行事について」（『関西学院史学』三〇巻、二〇〇三年）

深谷克己『百姓成立』（塙書房、一九九三年）

松尾美恵子「富士山噴火と浅間山噴火」（大石学編『享保の改革と社会変容』日本の時代史一六、吉川弘文館、二〇〇三年）

水林　彪『日本通史Ⅱ　近世　封建制の再編と日本的社会の確立』（山川出版社、一九八七年）

水本邦彦『近世の村社会と国家』（東京大学出版会、一九八七年）

森　安彦『幕藩制国家の基礎構造――村落構造の展開と農民闘争』（吉川弘文館、一九八一年）

山崎　圭『近世幕領地域社会の研究』（校倉書房、二〇〇五年）

山﨑善弘『徳川社会の底力』（柏書房、二〇一七年）
山﨑善弘『近世後期の領主支配と地域社会――「百姓成立」と中間層』（清文堂出版、二〇〇七年）
山﨑善弘「姫路藩大庄屋三木家の職務について」（『奈良教育大学紀要』第六四巻第一号〈人文・社会科学〉、二〇一五年）
山﨑善弘「平成二五年度調査の三木家文書について」（『神戸大学大学院人文学研究科地域連携センター平成二五年度活動報告書　共同研究「福崎町の地域歴史遺産掘り起こし及び大庄屋三木家住宅活用案の作成等」』、二〇一四年）
山﨑善弘「三木家未整理史料について」（『神戸大学大学院人文学研究科地域連携センター平成二五年度活動報告書　共同研究「福崎町の地域歴史遺産掘り起こし及び大庄屋三木家住宅活用案の作成等」』、二〇一四年）
山﨑善弘「三木家と姫路藩主・元家老との文化的交流について」（『神戸大学大学院人文学研究科地域連携センター平成二二年度活動報告書　共同研究「辻川界隈の地域歴史遺産掘り起こし及び三木家住宅の活用基本構想作成」』、二〇一一年）
山﨑善弘「近世中後期における豪商の政治的立場と地域社会――近江日野商人中井家を事例として」（志村洋・吉田伸之編『近世の地域と中間権力』、山川出版社、二〇一一年）
山﨑善弘「国訴と大坂町奉行所・支配国――播磨国の国訴をめぐって」（『日本史研究』第五六四号、二〇〇九年）
山﨑善弘「播磨における百姓一揆の展開――運動のなかの民衆史」（『播磨学紀要』第五号、一九九九年）
山﨑善弘「深谷克己『百姓成立』を読んで考える――「百姓成立」論の位置と可能性」（『日本史研究』五七四号、二〇一〇年）
渡辺尚志『村からみた近世』（校倉書房、二〇一〇年）
渡辺尚志『百姓の力――江戸時代から見える日本』（柏書房、二〇〇八年）
『伊賀市史　第二巻　通史編　近世』（伊賀市、二〇一六年）
『新修足立区史』上巻（東京都足立区役所、一九六七年）

【著者略歴】

山﨑善弘（やまさき・よしひろ）

1968年、兵庫県に生まれる。

2003年、関西大学大学院文学研究科史学専攻博士課程後期課程修了。

神戸大学大学院人文学研究科地域連携センター研究員、奈良教育大学教育学部特任准教授を経て、現在、東京未来大学モチベーション行動科学部専任講師。博士（文学）。

主要著作
『徳川社会の底力』（柏書房、2017年）
『近世後期の領主支配と地域社会――「百姓成立」と中間層』（清文堂出版、2007年）
『将軍と大名』（岩崎書店、2015年）
「近世中後期における豪商の政治的立場と地域社会――近江日野商人中井家を事例として」（志村洋・吉田伸之編『近世の地域と中間権力』、山川出版社、2011年）
「近世後期における領主支配の実現と中間支配機構――畿内・近国清水領知・幕領の「取締役」制を素材として」（『日本史研究』第475号、2002年）
「国訴と大坂町奉行所・支配国――播磨国の国訴をめぐって」（『日本史研究』第564号、2009年）

村役人《むらやくにん》のお仕事《しごと》

2018年11月30日　初版印刷
2018年12月10日　初版発行

著　者　山﨑善弘
発行者　金田　功
発行所　株式会社 東京堂出版
〒101-0051　東京都千代田区神田神保町1-17
電話　03-3233-3741
http://www.tokyodoshuppan.com/

装　丁　常松靖史［TUNE］
組　版　有限会社 一企画
印刷・製本　図書印刷株式会社

ISBN978-4-490-20997-6 C1021